全国统计专业技术资格考试辅导用书

《统计业务知识》（初中级）

高分题库

全国统计专业技术资格考试研究组 编

辽宁大学出版社 Liaoning University Press | 沈阳

图书在版编目（CIP）数据

统计业务知识（初中级）高分题库/全国统计专业技术资格考试研究组编. --沈阳：辽宁大学出版社，2018.6（2024.10 重印）

全国统计专业技术资格考试辅导用书

ISBN 978-7-5610-9082-4

Ⅰ.①统… Ⅱ.①全… Ⅲ.①统计学－资格考试－习题集 Ⅳ.①C8-44

中国版本图书馆 CIP 数据核字（2018）第 035276 号

统计业务知识（初中级）高分题库

TONGJI YEWU ZHISHI (CHUZHONGJI) GAOFEN TIKU

出 版 者：辽宁大学出版社有限责任公司

（地址：沈阳市皇姑区崇山中路 66 号　邮政编码：110036）

印 刷 者：河南省邮发印刷有限责任公司

发 行 者：辽宁大学出版社有限责任公司

幅面尺寸：185mm×260mm

印　　张：10

字　　数：226 千字

出版时间：2018 年 6 月第 1 版

印刷时间：2024 年 10 月第 6 次印刷

责任编辑：郝雪娇

封面设计：天明教育

责任校对：齐　悦

书　　号：ISBN 978-7-5610-9082-4

定　　价：40.00 元

联系电话：024-86864613

邮购热线：024-86830665

网　　址：http://press.lnu.edu.cn

前言 FOREWORD

全国统计专业技术资格考试，由国家统计局和人社部联合成立的全国统计专业技术资格考试办公室统一组织，负责全国范围内统计专业技术资格考试的组织实施和考务安排。该考试分初、中、高三个等级。其中，初、中级考试分两个科目，每个科目考试时长 2.5 小时，采用闭卷笔答方式。

考试介绍

统计专业技术初级、中级和高级考试一般于十月中下旬开考。

统计专业技术初级、中级考试的考试科目、考试模块以及考试题型与分值情况可参考下表：

级别	考试科目	考试模块	考试题型
初级	统计学和统计法基础知识	统计学基础知识	四个科目卷面满分皆为 120 分，总题量皆为 90 题，分为单项选择题、多项选择题、判断题和综合应用题四种客观题型。其中，单项选择题共 40 题，每小题 1 分；多项选择题共 15 题，每小题满分 2 分；判断题共 20 题，每小题 1 分；综合应用题共三个大题，15 个小题，每小题满分 2 分
		统计法规	
	统计专业知识和实务	统计实务	
中级	统计基础理论及相关知识	统计学基础知识	
		经济学基础知识	
		会计基础知识	
	统计工作实务	统计实务	
		统计法规	

题库特色

本套题库包括《统计相关知识》（中级）高分题库和《统计业务知识》（初中级）高分题库两本，两者都适用于统计专业技术中级资格考试，需要说明的是，《统计业务知识》（初中级）高分题库也适用于统计专业技术初级资格考试，考生可根据考试等级选择相应题库进行学习。

本套题库具有以下特色：

第一，合理设计，方便实用

本套题库改变以往按章节的排序形式，改为按题型的形式排列，有助于考生打破惯性思维，真正做到知识点的百分百掌握。而且每种题型的题量都比较大，对于知识点的涵盖比较全面，透视了课程标准和考试大纲的要点。

第二，题目新颖，解析明了

本套题库根据新大纲编制了相关题目，也包括部分历年真题，使考生达到了解、熟悉、掌握不同知识点的要求，本套题库对每一道题目都给出详细解析，力争做到让考生对题目零困惑。

第三，反复巩固，增强信心

本套题库主要侧重常考的知识点和重点，便于考生在做题时反复训练，不间断地巩固所学的知识，做到全面复习，最终达到了解、熟悉、掌握不同知识点的要求。

由于编写时间有限，本书难免会有疏漏和不足之处，希望广大专家、学者和考生批评指正，以使该套题库再版时更臻完善。

编　者

目录

CONTENTS

参考答案及解析

单项选择题

（以下每小题各有四项备选答案，其中只有一项是正确的，每小题 1 分）

1. 下列关于普查的表述错误的是（　　）。

A. 普查获得的全面资料可以为抽样调查提供基本依据

B. 普查一般每 3 ~ 5 年进行一次

C. 普查工作量大，组织工作复杂

D. 普查需要耗费大量的人力、物力和财力

2. 抽样调查的方法中，分层抽样法也叫（　　）。

A. 判断抽样法　　B. 整群抽样法

C. 二阶抽样法　　D. 类型抽样法

3. 统计法的专业性是指统计法律制度中包含（　　）。

A. 政府统计管理体制　　B. 政府统计调查活动的组织实施方式

C. 大量关于统计工作的技术性规范　　D. 政府统计监督检查

4. 广义的统计法是指（　　）。

A. 中华人民共和国统计法　　B. 中华人民共和国统计法及其实施细则

C. 统计法律法规规章　　D. 统计法律制度

5. 抽样调查是从全体调查对象中随机抽取部分样本单位进行统计调查，并据以推断总体情况的调查方法，下面统计调查没有采用抽样调查方法的是（　　）。

A. 农产品产量调查

B. 城乡住户调查

C. 限额以下批发零售贸易调查

D. 独立核算的有建筑资质的建筑业企业调查

6. 行政记录的目的不是统计，但行政记录可以为统计提供（　　）。

A. 统计数据　　B. 信息

C. 评估依据　　D. 分析资料

7. 下列统计调查项目分类中，不正确的是（　　）。

A. 国家统计调查项目　　B. 地方统计调查项目

C. 部门统计调查项目　　D. 地方部门统计调查项目

8. 为了解电商直播平台的基本状况与发展趋势,某机构计划开展一次调查,该调查不适合采取的调查方式是(　　)。

A. 典型调查　　B. 普查　　C. 重点调查　　D. 抽样调查

9. 由于统计工作覆盖面广,涉及社会的各个领域,所产生的社会关系十分复杂。因此,统计法的调整对象具有(　　)。

A. 全面性和特殊性　　B. 特殊性和复杂性

C. 特殊性和专业性　　D. 专业性和复杂性

10. 统计应同时具有信息、(　　)和监督三大职能。

A. 咨询　　B. 预警　　C. 决策　　D. 分析

11. 正确定性统计违法案件的基础是(　　)。

A. 事实清楚　　B. 证据确凿　　C. 处理恰当　　D. 适用法律正确

12. 表明某单一要素构成现象变动的相对数称为(　　)。

A. 综合指数　　B. 个体指数　　C 数量指数　　D. 质量指数

13. 统计行政机关对给予(　　)的行政处罚案件应当组织听证。

A. 罚款　　B. 通报批评

C. 警告　　D. 较大数额罚款

14. 统计行政诉讼是一种(　　)行为。

A. 司法　　B. 行政　　C. 统计　　D. 行政裁判

15. 北京市的某企业对国家统计局作出的具体行政行为不服,应由(　　)审理第一审统计行政诉讼案件。

A. 北京市高级人民法院　　B. 北京市中级人民法院

C. 北京市西城区人民法院　　D. 最高人民法院

16. 统计行政管理相对人在法定期限内既未申请复议,也未起诉,而又不履行行政处罚决定的,统计行政机关可以(　　)。

A. 将相对人行政拘留　　B. 申请人民法院强制执行

C. 与相对人协商解决　　D. 起诉

17. 统计设计环节主要包括设计指标体系、建立(　　)、设计统计报表制度、编制审核规则、制定技术标准和工作流程。

A. 统计渠道　　B. 调查单位库

C. 元数据标准　　D. 调查方法

18. 某地区全年完成建筑安装产值 90 亿元、安装工程产值 20 亿元、设备安装本身价值 90 亿元、房屋、构筑物修理产值 10 亿元，则该地区建筑业总产值完成(　　)亿元。

A. 200　　B. 110　　C. 180　　D. 120

19. 为了解贫困山区的脱贫情况，适合采取(　　)方法搜集数据。

A. 电话调查　　B. 邮寄调查　　C. 卫星调查　　D. 面访调查

20. 按照《统计上大中小微型企业划分办法》，软件和信息技术服务业微型企业的划分标准是从业人员小于 10 人或营业收入小于(　　)。

A. 50 万元　　B. 100 万元　　C. 20 万元　　D. 10 万元

21. 下列不属于观测数据的是(　　)。

A. 2018 年我国国内生产总值为 90.03 万亿元

B. 某市环境保护监测中心报告，其下辖的某监测子站在某日的空气质量指数为 53

C. 经问卷调查了解到，某居民小区业主对物业公司的满意度为 83%

D. 田间种植试验发现，某小麦新品种亩产 579.42 公斤，比对照品种增产 7.38%

22. 某班《统计学》考试成绩的平均数是 81 分，标准差是 6 分，中位数 77 分，则考试成绩的分布形状是(　　)。

A. 对称　　B. 左偏　　C. 右偏　　D. 无法确定

23. 我国现行统计法律规范的分类标准为(　　)。

A. 法律规范的形式　　B. 法律规范的效力

C. 法律规范的内容　　D. 法律规范的名称

24. 下列行业中按业务活动支出来核算总产出的是(　　)。

A. 金融业　　B. 教育　　C. 批发和零售业　　D. 商务服务业

25. 下列各项中不属于劳动者报酬的是(　　)。

A. 单位为雇员提供的股票期权　　B. 单位为雇员缴纳的社会保险费

C. 对雇员子女配偶或家庭的补助　　D. 住房公积金

26. 下列各项中不属于资产负债表交易主体的机构部门是(　　)。

A. 非金融企业部门　　B. 金融机构部门

C. 产业部门　　D. 政府部门

27. 下列各项中属于资产范围的是(　　)。

A. 大气　　B. 公海

C. 家庭用轿车　　D. 经营用洗衣机

28. 在一项对 4G 用户的调查中调查了 1 000 人，其中有 663 人使用移动运营商的网络，则异众比率是(　　)。

A. 33.7%　　B. 66.3%　　C. 150.8%　　D. 50.8%

29. 某银行从某类客户中随机抽取36名客户,得到其平均定期存款金额为23万元,标准差为12万元。则此类客户平均定期存款95%的置信区间为(　　)。(注:假设客户的定期存款服从正态分布,$Z_{0.025}=1.96$)

A. $23 \pm 1.96 \times \sqrt{\frac{12}{36}}$　　B. $23 \pm 1.96 \times \frac{12}{\sqrt{36}}$

C. $23 \pm 1.962 \times \sqrt{\frac{12}{36}}$　　D. $23 \pm 1.962 \times \frac{12}{\sqrt{36}}$

30. 假定一个拥有五千万人口的地区和一个拥有五百万人口的地区,居民年龄差异程度相同,用重复抽样方法各自抽取每个地区的1‰人口计算平均年龄,则样本平均年龄的标准误差(　　)。

A. 两者相等　　B. 前者比后者小　　C. 前者比后者大　　D. 不能确定

31.《国民经济行业分类》(GB/T 4754－2017)共分为(　　)个门类。

A. 20　　B. 18　　C. 16　　D. 15

32. 有权拥有资产、承担负债,并独立从事社会经济活动或与其他单位进行交易的组织是(　　)。

A. 法人单位　　B. 产业活动单位

C. 个体经营户　　D. 居民住户

33. 对两个配对总体的均值之差进行假设检验,需要假定(　　)。

A. 两个总体都服从正态分布

B. 两个样本需相互独立

C. 两个样本的数据无需一一对应

D. 两个总体均服从 t 分布

34. 下列各项中有关进出口统计价格的说法不正确的是(　　)。

A. 进口货物按到岸价格统计

B. 出口货物按离岸价格统计

C. 到岸价格包括货物运抵中国关境输入地点起卸前的包装费、运输费、保险费等费用

D. 离岸价格包括货物离开中国关境后的运费、保险费等费用

35. 下列各项中不属于工业企业能源消费量范围的是(　　)。

A. 用于本企业产品生产、工业性作业和其他生产性活动的能源

B. 调出本单位或借给外单位的能源

C. 用于技术更新改造措施、新技术研究和新产品试制以及科学试验等方面的能源

D. 用于劳动保护的能源

36. 按设计标准,某自动食品包装机所包装食品的平均每袋重量为500克,若要检验该包装机运行状况是否符合设计要求,应该采用(　　)。

A. 左侧检验　　B. 右侧检验

C. 双侧检验　　D. 左侧或右侧均可

37. 下列各项中不属于固定资产投资范围的是(　　)。

A. 机器设备的更新投资　　B. 房屋的扩建投资

C. 水库的大修投资　　D. 住房的改建投资

38. 下列关于县级以上人民政府统计机构公布统计资料的说法错误的是(　　)。

A. 定期公布统计资料　　B. 及时公开统计资料

C. 全面公布统计资料　　D. 按权限和程序公布统计资料

39. 下列各项中,属于流动资产的是(　　)。

A. 存货　　B. 长期投资　　C. 预收款项　　D. 应交税金

40. 一个由2 000名学生组成的样本中,学生的数学成绩与物理成绩的相关系数为80%,相关系数的检验结果拒绝了"不存在线性相关"的原假设,则(　　)。

A. 学生数学成绩与物理成绩有高度正相关关系

B. 其中只有400名学生的数学成绩与物理成绩不存在显著正相关关系

C. 其中只有1 600名学生的数学成绩与物理成绩有显著正相关关系

D. 相关系数的检验结果说明有20%的学生数学成绩与物理成绩没有关联

41. 货币金融服务企业的总产出等于(　　)。

A. 利息净收入

B. 手续费收入

C. 利息净收入 + 投资收益

D. 间接计算的金融中介服务产出 + 直接收费的金融服务产出

42. 住户收支的调查对象是(　　)。

A. 住户成员　　B. 常住成员

C. 从业人员　　D. 住户不再供养的在外学生

43. 两个随机变量 x 和 y 之间的相关系数为0.86,如果对 x 和 y 分别进行标准化处理,则标准化后的 Zx 和 Zy 之间的相关系数是(　　)。

A. -0.86　　B. -0.56

C. 0.74　　D. 0.86

44. 统计分析中研究如何用样本统计量估计总体参数的统计方法是(　　)。

A. 描述统计　　B. 推断统计　　C. 理论统计　　D. 数理统计

45. 用实验法获取数据时,实验组和对照组的产生应当是(　　)。

A. 随机的　　B. 配对的　　C. 随意的　　D. 有意的

46. 在抽样调查抽取样本单位时,每次抽取时抽出来的是一组,而不是一个个体单位,这种抽样方法是(　　)。

A. 简单随机抽样　　B. 分层抽样

C. 系统抽样　　D. 整群抽样

47. 根据研究需要,有意识地选择若干具有代表性的单位进行调查属于(　　)。

A. 简单随机抽样　　B. 重点调查

C. 典型调查　　D. 统计调查

48. 在回归分析中,如果回归方程为 $\hat{y} = 15 + 1.6x$ 当 $x = 10$ 时,y 实际值为 28,则对应的残差是(　　)。

A. -15　　B. -3　　C. 3　　D. 16

49. 支出法 GDP 中货物和服务净出口来自国际收支平衡表(　　)。

A. 经常账户中货物和服务的贷方和借方的差额

B. 经常账户中货物和服务的借方和贷方的差额

C. 资本和金融账户中的贷方和借方的差额

D. 资本和金融账户中的借方和贷方的差额

50. 下列可以计入工业产品库存量的是(　　)。

A. 已结束生产并验收合格但未办理入库手续的产品

B. 产品已售出,按送货制要求未办理承运手续的

C. 产品已售出,按提货制已办妥货款结算手续的

D. 受外单位委托保管的产品

51. 建筑业企业法人开展统计调查的原则是(　　)。

A. 法人注册地　　B. 纳税管理地

C. 总部办公所在地　　D. 实际经营地

52. 能源统计的技术基础是(　　)。

A. 能源分类　　B. 当量热值计算

C. 能源计量　　D. 标准煤换算

53. 以下关于公布统计资料的说法,正确的是(　　)。

A. 国家统计数据以国家统计局公布的为准

B. 国务院有关部门取得的所有统计数据,要与国家统计局协商一致后才能公布

C. 县级以上人民政府有关部门统计调查取得的统计资料,都由本部门自行公布

D. 公布统计资料,应当同时公布相应的调查对象的原始数据

54. 甲、乙两村粮食平均亩产量分别为 1 000 千克和 1 250 千克,标准差分别为 45 千克和 49 千克,可以判断(　　)。

A. 甲村的平均亩产量有较大的代表性　　B. 乙村的平均亩产量有较大的代表性

C. 两个村的平均亩产量有相同代表性　　D. 无法判断

55. 累计折旧取自企业会计"累计折旧"科目的(　　)。

A. 报告期内借方累计发生额　　B. 报告期内贷方累计发生额

C. 报告期末借方余额　　D. 报告期末贷方余额

56. 以下属于行政事业单位工资福利支出的是(　　)。

A. 住房公积金　　B. 社会保险费

C. 离休费　　D. 退休费

57. 在一项比例的电话调查中,样本量是 615,允许误差为 4%。下面对 4% 的允许误差描述正确的是(　　)。

A. 调查中有 4% 的被调查者可能会改变他们的想法

B. 在 615 人中大约会有 4% 的人拒绝访问

C. 在 615 人中大约会有 4% 的人没有电话

D. 样本比例与总体比例之间的差异绝对值小于 4%

58. 某地区某年 3 月完成固定资产投资额 100 亿元,新增固定资产 80 亿元,1 - 3 月累计完成固定资产投资额 400 亿元。请问该地区 3 月固定资产动用系数是(　　)。

A. 0.2　　B. 0.45　　C. 0.8　　D. 0.25

59. 对居民收入 x 与消费支出 Y 的几组不同样本数据拟合直线回归方程中可能正确的是(　　)。

A. $Y = -40 + 9x$　　B. $Y = 120 - 10x$

C. $Y = 130 - 3x$　　D. $Y = -16 - 8x$

60. 通过公共网络实现的客房收入指(　　)通过公共网络交易平台取得订单实现的客房收入。

A. 政府　　B. 住户

C. 企业(单位)　　D. 个人

61. 在一元线性回归分析中,若相关系数为 r,回归方程拟合程度最好的是(　　)。

A. $r = 0.75$　　B. $r = -0.97$

C. $R^2=0.75$　　D. $R^2=0.90$

62.《统计法》规定,统计调查中获得的能够识别或者推断单个调查对象身份的资料,(　　)。

A. 统计机构和统计人员可以对外提供

B. 统计机构和统计人员经调查对象同意,可以对外提供

C. 任何单位和个人经调查对象同意,可以对外提供

D. 任何单位和个人不得对外提供、泄露

63. 服务进出口总额是以货币表示的一定时期一国或地区(　　)之间相互提供服务的总额。

A. 企业　　B. 法人与自然人

C. 常住单位与非常住单位　　D. 常住单位

64. 根据统计法确定的统计工作的基本原则,统计标准应当是(　　)。

A. 完整的　　B. 必要的

C. 统一的　　D. 可行的

65. 汇率统计主要包括三类指标,即年平均汇率、时点平均汇率和(　　)。

A. 固定汇率　　B. 浮动汇率

C. 中心汇率　　D. 汇率指数

66. 下列选项中属于质量指数的是(　　)。

A. 产量指数　　B. 价格指数

C. 员工人数指数　　D. 销售量指数

67. 下列指数中,属于个体指数的是(　　)。

A. 海尔电冰箱的价格指数　　B. 衣着类价格指数

C. 商品价格总指数　　D. 服务类价格指数

68.《统计法》的调整对象是统计部门在管理统计工作、进行统计活动中的(　　)。

A. 统计调查对象　　B. 社会关系

C. 统计调查项目　　D. 统计机构

69.《统计法》规定,国家统计标准(　　)。

A. 由新闻出版署制定

B. 由国务院统一制定

C. 只能由国家统计局制定

D. 由国家统计局,或者由国家统计局和国务院标准化管理部门共同制定

70.《统计法》规定的统计的组织实施机关及其工作人员与统计调查对象在统计活动中形

成的社会关系中,不包括(　　)。

A. 统计行政机关和统计工作人员的职权、职责

B. 统计行政机关和统计工作人员的民事权利、义务

C. 统计调查对象的权利、义务

D. 违反统计法所应承担的法律责任

71. 联合国统计委员会通过的(　　)规定,为了保持对官方统计的信任,统计机构应基于严格的专业考虑。

A.《统计法》　　B.《官方统计基本原则》

C.《统计法实施条例》　　D.《统计组织手册》

72. 下列不属于样本量的影响因素的是(　　)。

A. 总体标准差　　B. 最大允许误差

C. 抽样方式　　D. 最小容量

73.《关于工资总额组成的规定》在性质上属于(　　)。

A. 统计法律　　B. 法规性文件

C. 统计行政法规　　D. 统计基本法

74. 2009 ~ 2019 年,某商品销售额的增长量每年均为 50 万元,则其定基(以 2009 年为基期)增长速度(　　)。

A. 逐年下降　　B. 逐年上升

C. 保持不变　　D. 变化趋势无法确定

75. 在我国,有权制定统计法律制度的不包括(　　)。

A. 全国人大及其常委会　　B. 国家统计局

C. 省人大　　D. 省政协

76. 国家统计局对各级调查队实行(　　)。

A. 统一管理　　B. 分级管理　　C. 委托管理　　D. 垂直管理

77. 县级以上人民政府统计机构作出对法人或者其他组织(　　)万元以上罚款前,应当告知处罚对象有要求举行听证的权利。

A. 3　　B. 5　　C. 7　　D. 10

78. 在年度时间序列数据中,不包含的影响因素是(　　)。

A. 长期趋势　　B. 季节变动　　C. 循环变动　　D. 不规则变动

79. 下列关于统计调查项目制定、审批和备案的表述,正确的是(　　)。

A. 国家统计调查项目可以由国家统计局和国务院有关部门共同制定

B. 重大的国家统计调查项目,如人口普查、经济普查和农业普查等,报国务院备案

C. 部门统计调查项目要报国家统计局备案

D. 由县级以上地方人民政府有关部门制定的地方统计调查项目,报上级人民政府统计机构审批

80. 以下关于统计执法监督检查基本特征的表述,其中不正确的是(　　)。

A. 它是由国家依法授权的机关进行的

B. 它是一种行政执法活动,具有严肃性、权威性和国家强制性

C. 它是依照一定的权限、程序和方式进行的

D. 它是一种事后的检查,仅对已经发生的统计违法行为进行查处

81. 一次指数平滑系数 α 的取值越接近 1,表明(　　)。

A. 近期数据的作用保持不变　　B. 近期数据的作用越小

C. 近期数据的作用越大　　D. 近期数据的作用迅速衰减

82. 制定统计法的根本目的是(　　)。

A. 科学、有效地组织统计工作

B. 保障统计资料的真实性、准确性、完整性和及时性

C. 发挥统计在了解国情国力、服务经济社会发展中的重要作用

D. 促进社会主义现代化建设事业的发展

83. 统计行政诉讼属于(　　)。

A. 统计行政管理制度　　B. 统计调查活动制度

C. 统计监督检查制度　　D. 统计司法审查制度

84. 行使统计行政复议职权的机关是(　　)。

A. 立法机关　　B. 司法机关　　C. 行政机关　　D. 仲裁机关

85. 统计最基本的职能是(　　)。

A. 信息职能　　B. 调查职能　　C. 咨询职能　　D. 决策职能

86. 从抽样理论上讲,(　　)是其他各种抽样方法的基础。

A. 简单随机抽样　　B. 等距抽样　　C. 分层抽样　　D. 多阶段抽样

87. 下列行业中不属于我国经济普查范围的是(　　)。

A. 农林牧渔专业及辅助性活动　　B. 建筑业

C. 工业　　D. 服务业

88. 某居委会统计用的区划代码是 640105002007,其中乡级代码是(　　)。

A. 007　　B. 002　　C. 01　　D. 05

89. 在就业情况调查表中,不应包括(　　)指标。

A. 失业率　　B. 调查时点前一周工作时间

C. 职业　　D. 行业

90. 在一张人口变动调查表中,不应包括(　　)指标。

A. 性别　　B. 平均年龄

C. 文化程度　　D. 户口性质

91. 采用5项移动平均来测定某时间序列的长期趋势,则移动平均后的序列比原有序列(　　)。

A. 首尾各少1项数值　　B. 首尾各少2项数值

C. 首尾各少3项数值　　D. 首尾各少5项数值

92. 目前,国际上统计管理体制的两种基本形式是(　　)。

A. 集中型和分散型　　B. 统一型和分级型

C. 独立型和隶属型　　D. 中央型和部门型

93. 国家统计局发布的数据显示,2019年6月我国CPI同比上涨2.7%,连续4个月站在2%上方。CPI是一个(　　)。

A. 个体指数　　B. 总值指数

C. 质量指数　　D. 数量指数

94. 下列各项中,不属于二次能源的是(　　)。

A. 天然气　　B. 煤气

C. 液化石油气　　D. 炼厂干气

95. 统计人员应当坚持实事求是,恪守职业道德,对其负责搜集、审核、录入的统计资料与统计调查对象报送的统计资料的(　　)负责。

A. 真实性　　B. 准确性　　C. 完整性　　D. 一致性

96. 某地区2019年6月份的居民消费价格指数为105%,则货币购买力指数为(　　)。

A. 5%　　B. 95.24%　　C. 105%　　D. 106.4%

97. 以下各项不属于固定资产的是(　　)。

A. 生产厂房　　B. 生产线设备

C. 土地使用权　　D. 运输车辆

98. 已知A、B两公司职工年收入的平均值分别为9万元和12万元。若两家公司职工年收入的标准差相等,要比较职工收入的差异程度,下列表述正确的是(　　)。

A. B公司大于A公司　　B. A公司大于B公司

C. 无法确定　　D. 两家公司相等

99. 众数常用来反映数据的集中趋势,它(　　)。

A. 不适用分类数据　　B. 不适用严重偏态的数据

C. 不受极端变量值的影响　　D. 受极端变量值的影响

100. 下列各项中不属于一次能源的是(　　)。

A. 炼厂干气　　B. 油页岩　　C. 植物燃料　　D. 潮汐能

101. 下列关于定性数据的图形表示方法,错误的是(　　)。

A. 饼图主要用于总体中各组成部分所占比重的研究

B. 条形图各条的宽度可以不同

C. 条形图的高度或长度来表述数据的多少

D. 环形图能够表示多个变量之间的结构差异

102. 下面几个关于集中趋势测量方法的陈述中,不正确的是(　　)。

A. 众数是数据中出现次数最多的数值

B. 中位数可用来反映分类数据的集中趋势

C. 平均数提供的信息比中位数和众数多

D. 中位数和众数具有统计上的稳健性

103. 对学生考试通过率进行区间估计,已知样本通过率为 p,样本容量为 n。下列适用正态分布近似估计的情况是(　　)。

A. $n=10, p=80\%$　　B. $n=35, p=85\%$

C. $n=15, p=75\%$　　D. $n=20, p=90\%$

104. 某医院欲估计医生接诊病人花费的平均时间。如果置信度为 95%,允许的误差范围在 2 分钟以内,则需要抽取的样本容量为(　　)。(注:以往数据显示,医生看病时间的标准差为 6 分钟,$Z_{0.025}=1.96$)

A. $n=(1.96^2\times6^2)/2^2$　　B. $n=(1.96^2\times6)/2^2$

C. $n=(1.96\times6^2)/2^2$　　D. $n=(1.96^2\times6^2)/2$

105. 由一个 11 项的时间序列可以计算的环比发展速度有(　　)个。

A. 9　　B. 10　　C. 11　　D. 12

106.《中国统计年鉴》中我国历年的 GDP 数据是(　　)。

A. 次级数据　　B. 原始数据

C. 分类数据　　D. 顺序数据

107. 某化妆品公司为了解消费者对最新产品的认可度,在商场门口拦截女性消费者进行调查。这种抽样调查方式属于(　　)。

A. 简单随机抽样　　B. 分层抽样

C. 系统抽样　　D. 非概率抽样

108. 为了解小微企业融资难的情况,课题组选择浙江省义乌市的小微企业作为调查对象,于 2022 年 9 月底对义乌市 10 000 家小微企业进行了调查。从调查时间和调查范围看,本次调查属于(　　)。

A. 一次性全面调查　　B. 一次性非全面调查

C. 经常性全面调查　　D. 经常性非全面调查

109. 以下有关负责人在统计活动中基本守则的说法,错误的是(　　)。

A. 不得自行修改统计资料、编造虚假统计数据

B. 不得要求统计机构、统计人员及其他机构、人员伪造、篡改统计资料

C. 要求统计调查对象或者其他机构、人员提供不真实的统计资料

D. 不得对依法履行职责或者拒绝、抵制统计违法行为的统计人员打击报复

110. 按连续变量进行分组,第一组为 65 以下,第二组为 65 ~ 75,第三组为 75 ~ 85,第四组为 85 以上,则数据(　　)。

A. 65 在第一组　　B. 75 在第三组

C. 75 在第二组　　D. 85 在第三组

111.《统计法》规定,国家统计局根据工作需要设立的(　　),承担国家统计局布置的统计调查等任务。

A. 国家统计局　　B. 派出调查机构

C. 独立的统计机构　　D. 统计工作岗位

112. 非抽样误差不包括(　　)。

A. 抽样框误差　　B. 抽样误差　　C. 应答误差　　D. 无回答误差

113. 下列关于重点调查的表述,不正确的是(　　)。

A. 调查范围小

B. 调查速度快

C. 调查所反映的基本趋势比较符合客观实际

D. 不可用于经常性的连续调查

114. 下述关于确定样本量的几种说法中,正确的是(　　)。

A. 样本量与置信水平成反比　　B. 样本量与总体方差成反比

C. 样本量与允许的估计误差成反比　　D. 样本量与允许的估计误差的平方成反比

115. 度量了因变量与 k 个自变量的总体相关程度的指标为(　　)。

A. 相关系数　　B. 多重相关系数　　C. 多重判定系数　　D. 估计标准误差

116. 多元线性回归模型的检验中,复相关系数的取值范围是(　　)。

A. $-1 \leqslant R \leqslant 1$　　B. $0 \leqslant R \leqslant 1$　　C. $-1 \leqslant R \leqslant 0$　　D. $0 < R < 1$

117. 为了解学生上网情况,从某高校随机抽取了 100 名学生进行调查。调查结果显示,有 38 名学生每天上网的时间超过了 4 个小时。则样本比例的方差为(　　)。

A. $\dfrac{38\%(1-38\%)}{100}$　　B. $\dfrac{\sqrt{38\%(1-38\%)}}{100}$

C. $\dfrac{38\%(1-38\%)}{\sqrt{100}}$　　D. $\sqrt{\dfrac{38\%(1-38\%)}{100}}$

118.《统计执法监督检查办法》属于(　　)。

A. 统计行政法规　　B. 统计地方性法规

C. 统计行政规章　　D. 统计规范性文件

119. 在对一个总体比例进行区间估计时,二项分布可用正态分布近似估计的条件是(　　)。

A. $np \geqslant 5$　　B. $n(1-p) \geqslant 5$

C. $np > 5$ 且 $n(1-p) \geqslant 5$　　D. $p \geqslant 5$ 且 $n(1-p) \geqslant 5$

120. 甲、乙两种商品销售量分别提高 10% 和 20%,基期销售额中相应的比重为 40% 和 60%,两种商品销售量综合指数是(　　)。

A. 115.0%　　B. 114.0%　　C. 116.0%　　D. 115.8%

121. 某造纸厂 2021 年的产量比 2020 年增长了 13.6%,总成本增长了 12.9%,则该厂 2021 年产品单位成本(　　)。

A. 减少 0.62%　　B. 减少 5.15%　　C. 增加 12.9%　　D. 增加 1.75%

122. 商品销售额实际增加 400 元,由于销售量增长使销售额增加 420 元,由于价格(　　)。

A. 增长使销售额增加 20 元　　B. 增长使销售额增长 210 元

C. 降低使销售额减少 20 元　　D. 降低使销售额减少 210 元

123. 某学校 10 000 名女生身高服从正态分布,其均值为 160 cm,标准差为 5 cm,其中 6 827 名女生身高的可能范围是(　　)。

A. 160 cm 到 165 cm　　B. 150 cm 到 170 cm

C. 155 cm 到 165 cm　　D. 155 cm 到 160 cm

124. 统计法的专业性是指统计法律制度中包含大量关于统计工作的(　　)。

A. 调查制度　　B. 标准　　C. 技术性规范　　D. 特别规定

125. 统计法规定了统计的组织实施机关及其工作人员以及(　　)等统计调查对象在统计活动中所形成的社会关系。

A. 国家机关、企业事业单位、其他组织和个人

B. 国家机关、企业事业单位、其他组织和个体工商户

C. 国家机关、企业事业单位和个体工商户、个人

D. 国家机关、企业事业单位和其他组织、个体工商户、个人

126.《统计法》规定,国家实行(　　)的统计管理体制。

A. 统一领导、统一负责　　B. 统一领导、分级负责

C. 集中领导、集中负责　　D. 集中领导、分级负责

127. 下列关于集中型统计管理体制优点的表述,不正确的是(　　)。

A. 可以最大限度地避免重复调查,节约调查经费,减轻统计调查对象的负担

B. 独立于各主管部门的统计机构负责统计工作,较易做到客观、公正,能有效避免主管部

门的行政干扰

C. 统计工作与主管部门结合密切,对客观情况的变化反应及时

D. 易于建立统一的统计指标体系和统计标准体系

128. 根据《统计法》规定,统计机构和统计人员独立行使,且不受侵犯的职权是(   )。

A. 统计调查、统计报告、统计监督　　B. 统计调查、统计发布、统计监督

C. 统计调查、统计咨询、统计监督　　D. 统计调查、统计执法、统计监督

129. 根据《统计法》规定,县级以上人民政府统计机构和有关部门统计调查取得的统计资料(   )。

A. 应当予以保密,不得对外提供　　B. 应当予以保密,不得对外公开

C. 除依法应当保密的外,应当及时公开　　D. 除依法应当保密的外,可以有偿提供

130.《统计法》规定,国务院有关部门制定的补充性部门统计标准,应当(   )。

A. 报国家标准化管理部门审批　　B. 报国家标准化管理部门备案

C. 报国家统计局审批　　D. 报国家统计局备案

131.《统计法》规定,统计机构和统计人员对在统计工作中知悉的(   ),应当予以保密。

A. 国家秘密、个人隐私

B. 国家秘密、商业秘密

C. 国家秘密、工作秘密、商业秘密、个人隐私和个人信息

D. 国家秘密、商业秘密和个人隐私

132.《统计法》规定,国家有计划地加强统计信息化建设,推进统计信息(   )。

A. 汇总、公布、存档技术和统计资料库系统的现代化

B. 提供、处理、传输、存储技术和统计资料库系统的现代化

C. 报送、汇总、传输、共享、存储技术和统计数据库体系的现代化

D. 搜集、处理、传输、共享、存储技术和统计数据库体系的现代化

133. 政府统计调查获得的各类统计资料是现代社会的重要产品,必须取之于民、用之于民,体现了统计法的(   )。

A. 国家统计优先原则　B. 科学统计原则　C. 公共统计原则　D. 诚信统计原则

134. 统计人员保守的职业道德是(   )。

A. 保守国家机密的统计资料

B. 对在统计调查中获得的调查对象的信息予以保密

C. 为政府决策提供依据

D. 坚持实事求是

135. 根据《统计法》规定,制定统计调查项目,应当同时制定(   )。

A. 该项目的统计调查方案　　B. 该项目的统计调查表

C. 该项目的统计调查制度　　D. 该项目的统计调查指标

136.《统计法》规定,国家制定统一的统计标准,保障统计调查采用的(　　)和统计编码等的标准化。

A. 统计方法、统计指标、指标涵义、调查表式

B. 统计方法、统计内容、调查对象、公布方式

C. 指标涵义、计算方法、分类目录、调查表式

D. 指标涵义、调查方式、调查对象、计算方法

137. 涉外调查机构的某些项目发生变更时,应申请变更涉外调查许可证,这些项目不包括(　　)。

A. 名称　　B. 登记类型　　C. 法定代表人　　D. 有效期

138. 联合国《统计组织手册》将(　　)作为统计机构必须坚持的一系列基本价值观和原则的第一条。

A. 统一性　　B. 独立性　　C. 科学性　　D. 规范性

139. 根据《统计法》规定,县级以上人民政府统计机构或者有关部门泄露统计调查对象的商业秘密、个人信息或者提供、泄露在统计调查中获得的能够识别或者推断单个统计调查对象身份的资料的,对负有责任的领导人员和直接责任人员由任免机关或者监察机关依法给予(　　)。

A. 警告或者通报　　B. 罚款　　C. 处分　　D. 刑事责任

140. 下列不属于统计行政处罚基本原则的是(　　)。

A. 统计行政处罚法定原则

B. 统计行政处罚的公正、公开原则

C. 统计行政处罚的平等、自愿原则

D. 统计行政处罚的过罚相当原则

141. 坚持统计行政处罚公正、公开原则,最重要和最关键的是(　　)。

A. 建立完善回避制度　　B. 正确行使统计行政自由裁量权

C. 建立健全听证制度　　D. 建立健全办案公开制度

142. 对轻微的统计违法行为不能给予较重的处罚,对社会危害性大的统计违法行为不能给予较轻的处罚是(　　)。

A. 处罚法定原则的体现　　B. 职权法定原则的体现

C. 公正公开原则的体现　　D. 处罚与行为相适应原则的体现

143. 我国统计管理体制中,分级负责的主要表现不包括(　　)。

A. 地方各级统计机构设立、人员编制、干部管理由地方政府负责

B. 地方各级统计机构组织开展统计监督检查

C. 各级人民政府负责保障统计工作开展所需的条件

D. 各级统计机构对自己组织实施的统计调查活动负责

144.《统计法》规定，国家统计局派出的调查机构组织实施的统计调查活动中发生的统计违法行为，由(　　)负责查处。

A. 国家统计局　　B. 国家统计局派出的省级调查机构

C. 省级人民政府统计机构　　D. 组织实施该项统计调查的调查机构

145. 根据《统计法》规定，乡、镇人民政府(　　)，依法管理、开展统计工作，实施统计调查。

A. 设立独立的统计机构，聘用专职或兼职统计人员

B. 设立统计机构，配备专职或兼职统计人员

C. 设置统计工作岗位，聘用专职或者兼职统计人员

D. 设置统计工作岗位，配备专职或者兼职统计人员

146. 国家统计局北京调查总队在业务上由(　　)领导。

A. 北京市统计局　　B. 国家统计局

C. 北京市政府　　D. 北京市政府和北京市统计局

147. 经批准的涉外社会调查项目，不得擅自变更；确需变更的，涉外调查机构应当就(　　)向原批准机关提出申请。

A. 变更部分　　B. 变更后的全部内容

C. 变更原因及理由　　D. 变更依据

148. 重大国情国力普查所需经费，由(　　)共同负担，列入相应年度的财政预算，按时拨付，确保到位。

A. 国务院和国家统计局　　B. 国家统计局和地方人民政府统计机构

C. 国务院和地方人民政府　　D. 地方人民政府和地方人民政府统计机构

149. 下列各项中属于竣工房屋价值范围的是(　　)。

A. 作为房屋建筑组成部分而列入工程预算内的设备的购置和安装费用

B. 办公家具购置费用

C. 购置土地费用

D. 迁移补偿费用

150. 某省卫生厅制定并组织实施的统计调查项目属于(　　)。

A. 国家统计调查项目

B. 部门统计调查项目

C. 地方统计调查项目

D. 民间统计调查项目

151. B 工厂 2022 年 6 月、7 月、8 月、9 月的月末职工数分别为 42 人、40 人、48 人、46 人，则第三季度的平均职工数为(　　)人。

A. 44　　B. 41　　C. 42.5　　D. 42

152.(　　)是显示多个变量的常用图示方法。

A.雷达图　　B.气泡图

C.茎叶图　　D.箱线图

153.下列不属于水平分析指标的是(　　)。

A.发展水平　　B.增长量

C.平均发展水平　　D.增长速度

154.以下不属于国家调查队职责的是(　　)。

A.定期公布其组织实施的统计调查所取得的统计资料

B.依法查处其组织实施的统计调查活动中发生的统计违法行为

C.完成国家统计调查任务

D.补充制定国家统计标准

155.涉外调查机构需要延续涉外调查许可证有效期的,应当在有效期届满(　　)前向原颁发机关提出申请。

A.15 日　　B.20 日　　C.25 日　　D.30 日

156.从调查范围和调查时间看,普查属于(　　)。

A.全面调查、一次性调查　　B.非全面调查、一次性调查

C.全面调查、经常性调查　　D.非全面调查、经常性调查

157.为了便于数据分析,人们常用数字 1 表示男性,2 表示女性,这个数字 1 和 2(　　)。

A.具有数量上的差异　　B.具有实际数字名义

C.只是一个编号　　D.可以进行运算

158.《统计法》关于统计机构设立的规定中,下列表述正确的是(　　)。

A.乡镇人民政府设立独立的统计机构,指定统计负责人

B.县级以上地方人民政府设置统计工作岗位,配备兼职统计人员

C.县级以上地方人民政府有关部门设立独立的统计机构

D.县级以上地方人民政府有关部门根据统计任务的需要设立统计机构,或者在有关机构中设置统计人员

159.若数据的分布比较均匀,应编制(　　)。

A.异距数列　　B.等距数列　　C.单项数列　　D.组距数列

160.在坐标轴中,纵坐标表示直方图的(　　)。

A.频数　　B.组中值　　C.变量分组　　D.组限

161.下列关于样本量错误的说法是(　　)。

A.它表明一个样本所包含的单位数　　B.样本量的大小会影响抽样效果

C. 样本量不少于25个样本称为大样本　　D. 样本量的大小与抽样方法有关

162.《防范和惩治统计造假、弄虚作假督察工作规定》何时印发？(　　)

A. 2018年6月　　B. 2018年8月　　C. 2017年6月　　D. 2017年8月

163. 如果$\bar{x}$表示样本的均值，μ表示总体的均值，当$E(\bar{x})=\mu$时，说明(　　)。

A. $\bar{x}$是μ的无偏估计量　　B. $\bar{x}$是μ的有效估计量

C. $\bar{x}$与μ是完全等价的　　D. 用$\bar{x}$估计μ是没有误差的

164. 下列关于假设说法中正确的是(　　)。

A. 假设检验是一种测量是否有足够的证据拒绝原假设的方法

B. 备择假设是针对样本统计量设计的

C. 当原假设被拒绝时，说明原假设是错误的

D. 一个好的假设检验应该能够说明原假设是正确的还是错误的

165.《涉外调查管理办法》规定，涉外调查许可证有效期届满的，应当在届满后(　　)内，向原颁发机关缴回已过期的涉外调查许可证。

A. 7日　　B. 15日　　C. 30日　　D. 60日

166. 统计督察的对象是(　　)。

A. 党中央、国务院　　B. 统计督察组

C. 统计工作相关的各地区、各有关部门　　D. 国家统计局

167. 假定销售量的拉氏指数为110%，则(　　)。

A. 该指数通常以基期销售价格作为权数，说明销售量综合提高了10%

B. 该指数通常以报告期销售价格作为权数，说明销售量综合提高了10%

C. 该指数通常以基期销售量作为权数，说明销售量综合提高了10%

D. 该指数通常以报告期销售量作为权数，说明销售量综合提高了10%

168. 在计算股票价格指数时，所选择的样本必须具有(　　)。

A. 代表性和敏感性　　B. 代表性和同一性

C. 敏感性和同一性　　D. 敏感性和变动性

169. 由省、自治区、直辖市人民代表大会常务委员会制定的规范本行政区域政府统计工作的规范性文件属于(　　)。

A. 统计法律　　B. 统计行政法规

C. 统计行政规章　　D. 地方性统计法规

170.《中华人民共和国统计法实施条例》不得与(　　)相抵触。

A.《中华人民共和国统计法》　　B.《全国经济普查条例》

C.《统计违法违纪行为处分规定》　　D.《北京市统计管理条例》

171. 我国统计法律规范中的统计法律的制定机关是(　　)。

A. 全国人民代表大会　　B. 全国人民代表大会常务委员会

C. 国务院　　D. 国家统计局

172. 统计督察的组织实施主体是(　　)。

A. 县级以上人民政府统计局法规检查机构

B. 各级纪检监察部门

C. 县级以上地方各级人民政府法制工作机构

D. 国家统计局及其派出的调查队、县级以上地方各级人民政府统计机构

173.《统计法》所保护的商业秘密的主体是指(　　)。

A. 个体工商户　　B. 企业事业组织　　C. 统计调查对象　　D. 公民个人

174. 统计工作的统一性,最为关键的是(　　)的集中统一。

A. 统计标准　　B. 统计制度　　C. 统计管理体制　　D. 统计调查方法

175. 下列选项中可以设立独立的统计机构的是(　　)。

A. 某村村委会　　B. 某镇政府　　C. 某县政府　　D. 某市人大常委会

176. 坚持(　　),是从调查对象那里获得真实准确统计资料的前提。

A. 统计违法必惩原则　　B. 诚信统计原则

C. 如实统计原则　　D. 科学统计原则

177. 分散型的统计管理体制特点是(　　)。

A. 统计工作能够与主管部门的工作紧密结合

B. 避免重复调查

C. 能够客观公正

D. 有利于统一管理协调

178. 涉外调查机构资格认定属于依法赋予行政相对人从事涉外调查工作的(　　)的行政行为。

A. 法律权利　　B. 法律资格

C. 法律义务　　D. 法律责任

179. 不属于《统计法》所规定的统计调查制度内容的是(　　)。

A. 调查目的、调查内容　　B. 调查方法、调查对象

C. 调查机构　　D. 调查表式

180. 我国的统计调查方法是以(　　)为基础。

A. 行政记录　　B. 周期性普查

C. 全面调查　　D. 抽样调查

181. 关于地方统计调查项目,下列说法不正确的是(　　)。

A. 一律报省级人民政府统计机构审批

B. 地方调查项目制定一律须报审批,不存在备案情形

C. 不得与国家统计调查项目、部门统计调查项目重复

D. 具有地域性,只能在本行政区域内实施

182. 县级以上地方人民政府有关部门制定的地方统计调查项目,应当报(　　)审批。

A. 本级人民政府统计机构　　B. 省级人民政府统计机构

C. 本级人民政府　　D. 省级人民政府

183. 被督察地区、部门及其工作人员违反规定不支持配合甚至拒绝、阻碍和干扰统计督察工作的,应当视为(　　)统计违纪违法行为,依照有关规定严肃处理。

A. 默认、许可　　B. 包庇、纵容　　C. 保护　　D. 存在

184.《涉外调查管理办法》规定,涉外调查许可证的有效期为(　　)。

A. 一年　　B. 三年　　C. 五年　　D. 七年

185. 下列统计违法行为中,可以追究刑事责任的是(　　)。

A. 统计机构、统计人员在实施统计调查活动中弄虚作假的行为

B. 统计机构、统计人员在实施统计调查活动中,明知道统计数据不实,不履行职责调查核实,造成不良后果的行为

C. 地方、部门、单位的负责人在本地方、本部门、本单位发生的统计违法行为失察的行为

D. 统计调查对象拒绝、阻碍统计调查、统计检查,情节严重的行为

186. 根据《统计法》,作为统计调查对象的个体工商户拒绝提供统计资料,由(　　)责令改正,给予警告,可以并处 1 万元以下的罚款。

A. 县级以上人民政府统计机构　　B. 省级以上人民政府统计机构

C. 国家统计局　　D. 国务院

187. 下列各项中,不属于开展统计督察工作所需按照的程序是(　　)。

A. 制定方案　　B. 实地督察　　C. 建议整改　　D. 报告情况

188. 在统计行政诉讼的双方当事人中,被告为(　　)。

A. 统计调查对象　　B. 统计行政执法机关

C. 统计诉讼代理人　　D. 统计诉讼第三方

189. 当事人对国家统计局派出的调查机构作出的具体行政行为不服,申请复议的,复议机关是(　　)。

A. 省级人民政府　　B. 省级人民政府法制部门

C. 省级人民政府统计机构　　D. 国家统计局

190. 10 000 箱蛇果从美国进口到港,应该采用(　　)的方式检验其质量。

A. 简单随机抽样　　B. 分层抽样

C. 等距抽样　　D. 整群抽样

191. 为了解房价上涨情况,某课题组近日对北京、上海、广州和深圳的房价进行调查。这种调查属于(　　)。

A. 普查　B. 抽样调查　C. 重点调查　D. 典型调查

192. 对全国各铁路交通枢纽的货运量、货物种类等进行调查,以了解全国铁路货运概况。这种调查的组织方式属于(　　)。

A. 抽样调查　B. 典型调查　C. 重点调查　D. 普查

193. 统计生产的第一个阶段是确定(　　)。

A. 统计调查内容　B. 统计需求

C. 统计指标体系　D. 统计调查方法

194. 由两个或两个以上产业活动单位组成的法人单位称为(　　)。

A. 单产业法人单位　B. 单产业基本单位

C. 多产业法人单位　D. 多产业基本单位

195. 某地区为了解当地工业企业用电情况开展调查,此调查的调查对象应为该地区内的(　　)。

A. 全部企业　B. 每一个企业

C. 全部工业企业　D. 每一个工业企业

196. 涉外统计调查项目审批是依法赋予行政相对人实施特定涉外调查项目的(　　)。

A. 法律权利的行为　B. 法律资格的行为

C. 法律义务的行为　D. 法律责任的行为

197. 下列条件中,不是判断产业活动单位必要条件的是(　　)。

A. 有营业执照

B. 在同一场所从事一种或主要从事一种社会经济活动

C. 相对独立地组织生产和业务活动

D. 能够掌握收入和支出等相关资料

198. 电力、燃气及水生产和供应业属于(　　)。

A. 建筑业　B. 批发业　C. 工业　D. 零售业

199. 被督察地区、部门收到统计督察组反馈意见后,应在(　　)个月内将整改情况反馈国家统计局。

A. 1　B. 2　C. 3　D. 6

200. 下列项目中属于流动资产的是(　　)。

A. 现金　B. 运输设备　C. 专利权　D. 土地使用权

201. 在下列各项中不包括在建筑业总产值中的是(　　)。

A. 建筑工程产值　B. 安装工程产值

C. 其他产值　　D. 生产设备的修理价值

202. 住房公积金管理活动属于(　　)。

A. 房地产开发经营　　B. 物业管理

C. 房地产中介服务　　D. 其他房地产活动

203. 统计执法监督检查机构和执法检查人员的主要职责不包括(　　)。

A. 依法查处统计违法行为,防范和惩治统计造假、弄虚作假

B. 组织实施统计执法“双随机”抽查,受理、办理、督办统计违法举报

C. 对违反统计法律法规的公职人员给予政务处分

D. 宣传、贯彻统计法律法规规章

204. 工业销售成品价值不包括(　　)。

A. 实际销售的成品价值　　B. 订货者来料加工的成品价值

C. 实际销售的半成品价值　　D. 自制设备价值

205. 常住人口是指在本地居住时间超过(　　)以上的人口。

A. 3 个月　　B. 6 个月

C. 9 个月　　D. 12 个月

206. 统计调查制度是指实施统计调查必须遵守的技术性规范,是统计调查项目的(　　)。

A. 重要基础　　B. 核心内容

C. 基本前提　　D. 具体表现

207. 以下不属于社会统计的是(　　)。

A. 拥有发明专利数　　B. 教育经费支出

C. 卫生机构数　　D. 工业废水排放量

208. 统计执法监督检查作为一种行政执法活动,具有(　　)。

A. 灵活性、权威性、国家强制性　　B. 严肃性、权威性、社会约束性

C. 严肃性、权威性、国家强制性　　D. 灵活性、权威性、社会约束性

209. 以下各项属于财务费用的是(　　)。

A. 运输费　　B. 广告费　　C. 利息支出　　D. 咨询费

210. 重大的国家统计调查项目应当(　　)。

A. 报国务院审批　　B. 由国家统计局制定,报国务院备案

C. 报国家统计局审批　　D. 报国家统计局备案

211. 不属于住户调查内容的是(　　)。

A. 住房　　B. 就业

C. 婴儿死亡率　　D. 消费

212. 某城镇调查了解到 2021 年末就业人员 7.5 万人,失业人员 5 000 人,其中 4 000 人进

行了失业登记。该城镇的调查失业率为(　　)。

A. 5%　　　　B. 5.33%

C. 6.25%　　　　D. 6.67%

213. 能够提起统计行政诉讼的具体行政行为不包括(　　)。

A. 统计行政处罚行为

B. 统计行政许可行为

C. 统计立法行为

D. 认为统计行政机关侵犯了其合法权益的其他具体行政行为

214. 运用实验法搜集数据时(　　)。

A. 实验组和对照组应该是相关的

B. 实验组和对照组应该是匹配的

C. 实验组和对照组应该是无关的

D. 实验组和对照组应该是独立的

215. 下列说法中不正确的是(　　)。

A. 国家统计局是国务院直属机构

B. 县以上地方各级人民政府统计机构是本级政府的组成部门

C. 国有大中型企业统计机构是政府统计机构的一部分

D. 企业事业组织的统计机构是根据国家、部门、地方、企业事业组织的统计任务的需要而专门设置的统计职能机构

216. 根据产品质量将其分为 1 级品、2 级品和 3 级品,此数据是(　　)。

A. 实验数据　　　　B. 分类数据

C. 顺序数据　　　　D. 定量数据

217. 下列各项指标中,能反映生活水平高低的是(　　)。

A. 基尼系数　　　　B. 恩格尔系数

C. 负担系数　　　　D. 老年人口比例

218. 在非全面调查中,必须按随机原则取得调查单位数据的调查方式是(　　)。

A. 非全面统计报表　　　　B. 抽样调查

C. 重点调查　　　　D. 典型调查

219. 查处统计违法案件,应当做到事实清楚,证据确凿,(　　),适用法律正确,符合法定程序。

A. 合法行政,程序正当　　　　B. 于法有据,合情合理

C. 定纷止争,案结事了　　　　D. 定性准确,处理恰当

220. 对给予较大数额罚款的统计行政处罚案件,统计行政机关应当告知处罚对象有要求举

行听证的权利，处罚对象要求听证的，(　　)应当依法组织听证。

A. 国家统计局　　B. 上一级统计机构

C. 作出处罚决定的统计机构　　D. 省级统计机构

221. 描述一个人体型经常说身高大约在 1.6 米到 1.7 米之间，体重 50 公斤到 60 公斤之间，这样对身高、体重的估计属于(　　)。

A. 区间估计　　B. 样本统计

C. 参数估计　　D. 概率估计

222. 在统计假设检验中，作为检验标准的总体参数是(　　)。

A. 已知的　　B. 假设的　　C. 随机的　　D. 变异的

223. 按照《统计执法监督检查办法》的要求，执法检查人员应当取得(　　)。

A. 统计调查证　　B. 统计工作证

C. 统计执法证　　D. 统计专业技术资格证

224. P 值越小，(　　)。

A. 拒绝原假设的可能性越小　　B. 拒绝原假设的可能性越大

C. 拒绝备择假设的可能性越大　　D. 不拒绝备择假设的可能性越小

225. 假设检验中的显著性水平 α 是(　　)。

A. 推断时犯第二类错误的概率　　B. 推断时犯第一和第二类错误的概率

C. 推断时犯第一类错误的概率　　D. 推断时犯第一或第二类错误的概率

226.《统计法》规定，重大国情国力普查由国务院统一领导，(　　)和有关部门共同实施。

A. 国务院组织国家统计局　　B. 国务院和地方人民政府组织统计机构

C. 地方人民政府组织统计机构　　D. 国家统计局

227. 当一个变量的数量由小变大，而另一个变量的数量相反地由大变小时，这种相关关系称为(　　)。

A. 线性相关　　B. 非线性相关　　C. 正相关　　D. 负相关

228. 统计法的基本原则贯穿于(　　)之中。

A. 统计法律　　B. 统计行政法规

C. 整个统计法律规范　　D. 统计规章

229. 统计调查制度按照调查管理方式划分，可以分为(　　)。

A. 周期性调查制度、临时性调查制度和专项调查制度

B. 年度调查制度、季度调查制度和月度调查制度

C. 国家调查制度、地方调查制度和部门调查制度

D. 周期性调查制度、经常性调查制度和专项调查制度

230. 数据质量审核评估是国家统计局及各相关司级单位以(　　)为基础的对于数据的一

系列审核和评估。

A. 原始数据　　B. 汇总数据

C. 原始数据和汇总数据　　D. 原始数据或汇总数据

231. 在下列叙述中,采用推断统计方法的是(　　)。

A. 用饼图描述某公司员工的年龄构成

B. 某日从某化肥厂随机抽取了100袋化肥,用这100袋化肥的平均重量估计这天生产的所有袋装化肥的平均重量

C. 一个城市在1月份的平均工资

D. 反映大学生统计学成绩的条形图

232. 下面变量中属于顺序变量的是(　　)。

A. 性别　　B. 天气温度　　C. 上证股指　　D. 教育程度

233. 各级统计机构对数据加工过程中产生的中间数据、分组数据、汇总数据进行分析,对出现的问题数据进行(　　)。

A. 修正　　B. 汇报　　C. 核实和修正　　D. 核实和汇报

234. 目前我国编制资产负债表所采用的方法是(　　)。

A. 直接法　　B. 间接法

C. 以直接法为主,间接法为辅　　D. 以间接法为主,直接法为辅

235. 某同学统计学考试成绩为80分,应将其计入(　　)。

A. 成绩为80分以下人数中　　B. 成绩为70~80分的人数中

C. 成绩为80~90分的人数中　　D. 根据具体情况来具体确定

236. 设汽车行业总产出10亿元,最终产品4亿元,直接消耗钢铁3亿元,全部间接消耗钢铁2亿元,则汽车对钢铁的完全消耗系数为(　　)。

A. $B_{ij}=\frac{2+3}{10}=0.5$　　B. $B_{ij}=\frac{2+3}{10-4}=0.83$

C. $B_{ij}=\frac{2+3}{4}=1.25$　　D. $B_{ij}=\frac{3}{4}=0.75$

237. 若要了解某地区居民日常生活消费水平,则采用(　　)方式比较适合。

A. 重点调查　　B. 抽样调查

C. 典型调查　　D. 普查

238. 在统计执法监督检查中,不属于统计执法监督检查对象的是(　　)。

A. 统计调查对象

B. 依法使用政府统计资料的统计用户

C. 地方人民政府、县级以上人民政府统计机构和有关部门

D. 涉外调查机构

239. 在统计违法案件查处程序中,处罚决定的执行属于(　　)。

A. 调查阶段　　B. 处理阶段

C. 审理阶段　　D. 结案阶段

240. 房屋征收拆迁活动属于(　　)。

A. 物业管理　　B. 房地产中介服务

C. 其他房地产活动　　D. 房地产开发经营

241. 某企业生产大米,包装标准是每包大米 100 斤。假定每包大米的重量服从正态分布,且标准差为 2,则在 95.45% 的包装中大米重量的取值范围是(　　)。

A. (100 −4, 100 +4)　　B. (100 −2, 100 +2)

C. (100 −6, 100 +6)　　D. (100 −8, 100 +8)

242. 电力消费量年平均增长速度除以国民经济年平均增长速度,得到的指标是(　　)。

A. 电力生产系数　　B. 电力消费系数

C. 电力生产弹性系数　　D. 电力消费弹性系数

243. 下列活动中不属于房地产业统计内容的是(　　)。

A. 房地产开发经营　　B. 物业管理

C. 房产测绘　　D. 房地产租赁经营活动

244. 从一国经济总体来看,反映收入再分配结果的总量指标是(　　)。

A. 国内生产总值　　B. 国内生产净值

C. 国民总收入　　D. 国民可支配总收入

245. 统计调查应当以(　　)为基础。

A. 经常性抽样调查　　B. 统计报表

C. 周期性普查　　D. 典型调查

246. 正确处理统计违法案件的重要前提是(　　),必须以案件事实为基础,以统计法律、法规、规章为判断标准,具体问题具体分析,切不可主观臆断地确定案件的性质。

A. 证据确凿　　B. 定性准确

C. 处理恰当　　D. 程序合法

247. 下列选项中不属于我国现行的统计调查方法体系是(　　)。

A. 以周期性普查为基础

B. 以全面定期统计报表、重点调查等为主体

C. 以经常性抽样调查为主体

D. 以全面定期统计报表、重点调查等为补充

248. 以下不具有统计行政处罚主体资格的是(　　)。

A. 国家统计局　　B. 国家统计局山西调查总队

C. 象山县统计局　　D. 周口店镇统计所

249. 调查方案可行性的研究方法不包括(　　)。

A. 文案研究法　　B. 逻辑分析法　　C. 试点调查法　　D. 经验判断法

250. 统计人员进行统计调查时,有权(　　)。

A. 对提供不真实统计资料的企业进行罚款

B. 公布在统计调查中获得的任何资料

C. 要求统计调查对象改正不真实、不准确的统计资料

D. 自行修改其认为不真实的统计资料

251. 某公司根据随机抽取的 100 名员工年龄的调查数据,计算得出了公司全部员工的平均年龄,这种分析数据的方法属于(　　)。

A. 描述统计　　B. 推断统计　　C. 类比统计　　D. 相关分析

252. 人民法院在统计行政诉讼案件立案之日起(　　)日内,将起诉书副本送达被告。

A. 5　　B. 10　　C. 15　　D. 20

253. 目前我国的人口普查(　　)。

A. 每 5 年进行 1 次　　B. 以户为单位进行登记

C. 以人为单位进行登记　　D. 以普查年度的 7 月 1 日零时为标准时点

254. 用价值量计算的直接消耗系数,其取值范围是(　　)。

A. $0<A_{ij}<1$　　B. $A_{ij}<0$　　C. $A_{ij}>1$　　D. $A_{ij}=1$

255. 服务与货物的主要区别是(　　)。

A. 服务是无形产品

B. 服务产出与其投入物相比没有实物形态的根本改变

C. 服务是为特定对象提供的

D. 服务不能储存

256. 在实际情况中,银行信贷资金最主要的运用去向是(　　)。

A. 有价证券和投资　　B. 财政借款　　C. 外汇占款　　D. 各项贷款

257. 统计行政处罚决定依法作出后,当事人对行政处罚决定不服申请行政复议或者提起行政诉讼的,行政处罚(　　),但法律另有规定的除外。

A. 无效　　B. 停止执行　　C. 按照新决定执行　　D. 不停止执行

258. 广义的统计法包含了所有规范统计活动的(　　)。

A. 统计法律、法规、规章及统计调查制度　　B. 统计法律、法规、规章及规范性文件

C. 统计法律、法规、规章及统计标准　　D. 统计法律、法规、规章及统计调查项目

259. 出生率是一年内出生人口数与(　　)人口数之比。

A. 年初　　B. 年末　　C. 年平均　　D. 常住

260. 以下不属于自然保护区的是（ ）。

A. 自然生态系统　　B. 野生生物

C. 自然遗迹　　D. 风景名胜

261. 根据《统计法实施条例》规定，适用于没收违法所得的统计违法行为是（ ）。

A. 未取得涉外调查许可证从事涉外统计调查活动的

B. 拒绝答复或者不如实答复统计检查查询书的

C. 转移、隐匿、篡改、毁弃或者拒绝提供原始记录和凭证、统计台账、统计调查表及其他相关证明和资料的

D. 在重大国情国力普查活动中拒绝、阻碍统计调查，或者提供不真实或者不完整的普查资料的

262. 反向投资额是指（ ）。

A. 境外企业对境内投资主体持股比例低于10%的投资

B. 境外企业在外国的投资

C. 境外企业对境内企业的投资

D. 境内企业对外国企业持股比例低于10%的投资

263. 下列各项中不属于居民实物福利范围的是（ ）。

A. 免费工作餐　　B. 免费班车

C. 免费医疗保健　　D. 免费工作服装

264. 房地产开发投资统计中的住宅不包括（ ）。

A. 别墅　　B. 集体宿舍

C. 用作宾馆的地下室　　D. 人防用、不住人的地下室

265. 对外直接投资的核心是（ ）。

A. 控制国（境）外企业的经营管理权　　B. 获取利润

C. 增加就业　　D. 输出技术

266. 能源使用企业用于消费的库存不包括（ ）。

A. 车间领取但尚未投入第一道生产工序的产品

B. 代外单位保管的产品

C. 供货单位错发到本单位的产品

D. 已付货款但还在运输途中的产品

267. 关于统计执法监督检查的基本特征，不正确的是（ ）。

A. 统计执法监督检查是由国家依法授权的机关进行的

B. 统计执法监督检查具有严肃性、权威性和国家强制性

C. 统计执法监督检查是按照一定的权限、程序和方式进行的

D. 统计执法监督检查是对发现的统计违法行为进行查处

268. 概率抽样调查的特点不包括(　　)。

A. 是一种非全面调查　　B. 按随机原则抽取部分调查单位

C. 抽样推断的结果缺乏可靠性　　D. 抽样推断的误差可以计算并加以控制

269. 根据《统计违法违纪行为处分规定》,违反国家规定的权限和程序公布统计资料,造成不良后果,情节较重的,对有关责任人员给予(　　)处分。

A. 警告或者记过　　B. 记大过或者降级

C. 撤职　　D. 开除

270. 下列关于假设检验的陈述错误的是(　　)。

A. 假设检验实质上是对原假设进行检验

B. 假设检验实质上是对备择假设进行检验

C. 当拒绝原假设时,只能认为肯定它的根据尚不充分,而不是认为它绝对错误

D. 假设检验并不是根据样本结果简单地或直接地判断原假设和备择假设哪一个更有可能正确

271. 下列现象不具有相关关系的是(　　)。

A. 降雨量与农作物产量　　B. 人的身高与体重

C. 人口自然增长率与人口机械变动　　D. 广告费与销售量

272. 下列各项中,不属于社会统计主要内容的是(　　)。

A. 教育　　B. 社会保障

C. 环境保护　　D. 科技创新

273. 下列指数中,不属于质量指数的有(　　)。

A. 价格指数　　B. 销售量指数

C. 单位成本指数　　D. 劳动生产率指数

274. 根据《统计违法违纪行为处分规定》,包庇、纵容统计违法违纪行为情节较重的,对有关责任人员给予(　　)处分。

A. 警告　　B. 记过或者记大过

C. 降级或者撤职　　D. 开除

275. 下列选项中(　　)没有体现统计的统一性原则。

A. 统计制度和统计标准应当是统一的

B. 在统计体制方面,国家应建立集中统一的统计管理体制

C. 统计资料应当依法统一管理和公布

D. 统计工作应当由政府统计机构来统一完成

276. 住户调查实行样本轮换制度,样本设计周期为(　　)年。

A. 3　　B. 5　　C. 6　　D. 8

277. 根据《统计法》规定，没有统计执法监督检查权的是(　　)。

A. 国家统计局　　B. 国家统计局派出的调查机构

C. 县级以上地方各级人民政府统计机构　　D. 乡镇人民政府

278. 少儿人口比例属于(　　)指标。

A. 平均　　B. 绝对　　C. 相对　　D. 总量

279. 由国家统计局派出的调查队在业务上由(　　)领导。

A. 所在地人民政府　　B. 国家统计局

C. 所在地人大常委会　　D. 国家统计局与所在地人民政府

280. 国家统计局对(　　)的人员和编制实行垂直管理。

A. 省级统计部门　　B. 县级以上统计部门

C. 直辖市统计部门　　D. 其派出机构

281. 工业生产者价格权数调查每(　　)年进行一次。

A. 1　　B. 3　　C. 5　　D. 10

282. 查处统计违法案件基本要求中的事实清楚，是定性处理统计违法案件的(　　)。

A. 基础　　B. 依据　　C. 关键　　D. 目的

283. 某煤矿某年采掘了价值600万元的煤炭，全部出售给炼焦厂；炼焦厂使用该煤炭做原材料，炼成价值1 700万元的焦炭，将其出售给钢铁厂；钢铁厂使用该焦炭做原料，生产出价值为3 500万元的钢材，三个企业的总产出为(　　)万元。

A. 5 800　　B. 5 200　　C. 2 300　　D. 1 200

284. 能够反映生产单位对国民经济所做的净贡献的指标是(　　)。

A. 总产出　　B. 中间投入　　C. 增加值　　D. 总支出

285. 国内生产总值在价值的构成上，是指一定时期内一国范围内所有常住单位的(　　)总和。

A. 增加值　　B. 总产出　　C. 中间消耗　　D. 劳动力报酬

286. 国内生产总值在实物构成上，是一时期一国内各生产单位所生产的(　　)的价值总和。

A. 中间产品　　B. 货物　　C. 服务　　D. 最终产品

287. 不计入居民消费的支出是(　　)。

A. 购房与建房　　B. 交通通信　　C. 饮食　　D. 卫生保健

288. 两个总体的平均数相等，标准差不等，若比较两总体平均数的代表性，以下说法正确的是(　　)。

A. 标准差大的，代表性大　　B. 标准差小的，代表性大

C. 标准差小的，代表性小　　D. 两平均数的代表性相同

289. 将不同地区、部门、单位之间同类指标进行对比所得的综合指标称为(　　)。

A. 动态相对指标　　B. 结构相对指标

C. 比例相对指标　　D. 比较相对指标

290. 下列变量是定量变量的是(　　)。

A. 天气形势　　B. 工资　　C. 职业　　D. 籍贯

291. 在调查对象中选择一部分重点企业进行非全面调查,调查的单位数目不多,但其标志值占总体标志总量比重较大,此种调查属于(　　)。

A. 抽样调查　　B. 重点调查　　C. 典型调查　　D. 全面调查

292. 频数分布表中落在某一特定类别的数据比重称为(　　)。

A. 组数　　B. 频率　　C. 众数　　D. 中位数

293. 下列数据的图形表示方法中,说法错误的是(　　)。

A. 直方图横坐标代表变量分组,纵坐标代表各变量值出现的频数

B. 折线图利用线段的升降来说明数据方向变动

C. 散点图可以用来反映两个变量之间的关系

D. 直方图也可以用来反映定性数据

294. 下列表述中,错误的是(　　)。

A. 取消荣誉称号、追缴获得的物质利益属于法律责任形式

B. 责令改正不属于行政处罚

C. 行政处罚是一种外部抽象行政行为

D. 行政处分的最终决定由违法行为人的主管行政机关或者监察机关作出

295. 关于从业人员工资总额,下列说法正确的是(　　)。

A. 工资总额是税后工资

B. 工资总额不包括实物形式支付的

C. 计入成本的工资才计入工资总额

D. 工资总额包括支付给本单位实际使用的劳务派遣人员的劳动报酬

296. 下列各项中属于统计法律的是(　　)。

A.《中华人民共和国统计法实施条例》　　B.《统计执法监督检查办法》

C.《中华人民共和国统计法》　　D.《统计调查证管理办法》

297. 反映能源消费增长速度与国民经济增长速度之间关系的指标是(　　)。

A. 能源生产弹性系数　　B. 能源消费弹性系数

C. 能源加工转换效率　　D. 单位国内生产总值能耗

298. 对伪造、篡改统计资料违法的行为,法律责任的适用对象是(　　)。

A. 县级以上地方人民政府和有关部门、单位的负责人

B. 各级人民政府统计机构、有关部门及其工作人员

C. 统计调查对象中承担经常性政府统计调查的人员

D. 统计调查对象中对统计资料进行审核、签署的人员

299. 季节比率计算方法的缺陷是没有考虑(　　)。

A. 现象的本身特性　　B. 变量之间的关系

C. 现象的内在联系　　D. 现象的长期趋势影响

300. 固定资产投资项目投资按(　　)原则进行统计。

A. 法人在地　　B. 法人注册地

C. 项目在地　　D. 项目注册地

301. 下列有关线性回归分析的说法中,不正确的是(　　)。

A. 利用一个回归方程,因变量和自变量可以相互推算

B. 因变量和自变量不是对等的关系

C. 对于没有明显关系的两变量可求得两个回归方程

D. 根据回归系数可判定因变量和自变量之间相关的方向

302. 统计违法案件查处的一般程序中,关键环节是(　　)。

A. 立案　　B. 调查　　C. 处理　　D. 结案

303. 下列各项中,不属于固定资产投资经济效益统计指标的是(　　)。

A. 固定资产投资额　　B. 建设周期

C. 生产能力建成率　　D. 投资回收率

304. 统计行政处罚的作出是以(　　)为前提。

A. 统计法律法规规定　　B. 明确的实施统计行政处罚的主体

C. 统计行政管理相对人的统计违法行为　　D. 明确的统计行政处罚对象

305. 对轻微的统计违法行为不能给予较重的处罚,对社会危害性大的统计违法行为不能给予较轻的处罚或者不予处罚,体现了统计行政处罚的(　　)。

A. 依据法定原则　　B. 职权法定原则

C. 公正公开原则　　D. 过罚相当原则

306. 统计行政处罚的法定原则不包括(　　)。

A. 实施统计行政处罚的主体是法定的　　B. 统计行政处罚的依据是法定的

C. 统计行政处罚的程序是法定的　　D. 统计行政处罚的对象是法定的

307. 实施统计行政处罚时,以事实为根据、以法律为准绳体现的原则是(　　)。

A. 法定原则　　B. 公正原则　　C. 公平原则　　D. 过罚相当原则

308. 对统计违法行为的警告,属于(　　)。

A. 人身罚　　B. 行为罚　　C. 财产罚　　D. 申诫罚

多项选择题

(以下每小题至少有两项正确答案,每选对一项得0.5分,每小题满分2分,全部选对得满分。多选或错选不得分)

1. 下列各项中属于概率抽样的是(　　)。

A. 简单随机抽样　　B. 随意抽样

C. 等距抽样　　D. 整群抽样

E. 分层抽样

2. 下列不属于统计行政法规的有(　　)。

A.《统计法实施条例》　　B.《全国经济普查条例》

C.《统计执法监督检查办法》　　D.《统计调查证管理办法》

E.《全国农业普查条例》

3. 财务费用包括(　　)。

A. 计提的坏账准备金　　B. 利息净支出

C. 计提的存货跌价准备金　　D. 汇兑净损失

E. 筹资相关手续费

4. 下列各项中,属于能源消费统计中的耗能工质的是(　　)。

A. 煤　　B. 水　　C. 氧气　　D. 柴油

E. 压缩空气

5. 统计的三大职能是(　　)。

A. 统计设计　　B. 统计管理

C. 统计信息　　D. 统计咨询

E. 统计监督

6. 下列各项中不属于工业企业能源消费的有(　　)。

A. 回收利用的余热、余能　　B. 用于劳动保护的能源

C. 借给外单位的能源　　D. 用于技术更新改造的能源

E. 委托外单位加工用的能源

7. 工业生产能源消费包括(　　)。

A. 用于本企业产品生产、工业性作业的能源

B. 产品生产过程中作为辅助材料使用的能源

C. 新技术研究使用的能源

D. 回收利用的余热、余能

E. 生产区内的劳动保护用能

8.《统计法》的调整对象包括(　　)。

A. 政府统计调查的组织实施机关

B. 政府统计机构的工作人员

C. 政府统计调查对象中的国家机关、企业事业单位和其他组织

D. 政府统计调查对象中的个体工商户、个人

E. 民间统计调查的调查机构、调查对象

9. 根据《统计法》规定,任何单位和个人不得对外提供和泄露、不得用于统计以外目的的资料是(　　)。

A. 在统计调查中搜集的统计调查对象提供的原始统计资料

B. 在统计调查中获得的能够推断单个调查对象身份的资料

C. 在统计调查中获得的能够识别单个调查对象身份的资料

D. 在统计调查过程中汇总的统计资料

E. 在统计调查中搜集的已经加工过的汇总统计资料

10. 下列各项中属于统计调查方法的有(　　)。

A. 典型调查　　B. 普查

C. 重点调查　　D. 年审

E. 注册

11.《国民经济行业分类》采用线分类法,将国民经济行业划分为(　　)。

A. 门类　　B. 总类

C. 大类　　D. 中类

E. 小类

12. 属于二次能源的是(　　)。

A. 原油　　B. 焦炭

C. 天然气　　D. 汽油

E. 柴油

13. 经批准进行的涉外社会调查,应当在调查问卷、表格或者访谈、观察提纲首页显著位置标明并向调查对象说明的事项包括(　　)。

A. 涉外调查许可证编号　　B. 调查项目的批准机关

C. 调查项目的批准文号　　D. 本调查为义务性调查

E. 本调查为调查对象自愿接受的调查

14. 根据《统计法》的规定,统计标准分为(　　)。

A. 企业统计标准　　B. 行业统计标准

C. 部门统计标准　　D. 地方统计标准

E. 国家统计标准

15. 下列各项中,属于国家统计调查项目的是(　　)。

A. 残疾人调查　　B. 基本单位统计

C. 投入产出统计　　D. 农村住户调查

E. 东莞市外来农民工就业状况调查

16. 根据《统计法》规定,统计执法检查机构在调查统计违法行为或者核查统计数据时,有权(　　)。

A. 责令检查对象停产停业

B. 要求检查对象提供有关原始记录和凭证、统计台账、统计调查表、会计资料和其他相关证明和资料

C. 查封检查对象的原始记录和凭证、统计台账、统计调查表、会计资料和其他相关证明和资料

D. 进入检查对象的业务场所和统计数据处理信息系统进行检查、核对

E. 就与检查有关的事项询问有关人员

17. 县级以上人民政府统计机构或者有关部门在组织实施统计调查活动中未经批准擅自组织实施统计调查的,有权责令改正并予以通报的机构有(　　)。

A. 本级人民政府　　B. 上级人民政府

C. 上级人民政府统计机构　　D. 本级人民政府统计机构

E. 单位负责人

18. 根据《行政复议法》和《统计法》的规定,能够引起统计行政复议的行政行为包括(　　)。

A. 行政处罚　　B. 行政处分

C. 行政许可　　D. 行政侵权

E. 调查行为

19. 统计法所说的统计包括(　　)组织实施的统计活动。

A. 省人民政府　　B. 省级人民政府统计机构

C. 县政府有关部门　　D. 省咨询公司

E. 县工业企业

20. 根据《统计法实施条例》规定,统计资料能够通过行政记录取得的,不得组织实施调查。通过(　　)能够满足统计需要的,不得组织实施全面调查。

A. 全面调查　　B. 局部调查　　C. 抽样调查　　D. 重点调查

E. 问卷调查

21. 我国现行的统计行政规章主要有(　　)。
A.《全国经济普查条例》
B.《统计违法违纪行为处分规定》
C.《涉外调查管理办法》
D.《统计调查证管理办法》
E.《关于加强统计工作的决定》
22. 构成时间序列的基本要素包括(　　)。
A. 现象所处的地点　　B. 现象所属的时间
C. 现象的统计指标单位　　D. 现象的观测值
E. 现象的统计指标名称
23. 下列组织机构从事的农业生产活动属于农业统计范围的是(　　)。
A. 农业企业　　B. 农村集体经济组织
C. 农业科学试验机构　　D. 良种场
E. 农民专业合作经济组织
24. 农业统计的基本单位包括(　　)。
A. 农业生产经营户　　B. 农林牧渔业公司
C. 养殖场　　D. 工矿企业下属农场
E. 农业科学实验机构
25. 用季节指数法分析季节变动的缺陷有(　　)。
A. 没有考虑长期趋势的影响
B. 考虑了长期趋势的影响
C. 季节比率的高低受各年数值大小的影响
D. 季节比率的高低不受各年数值大小的影响
E. 无法消除长期趋势的影响
26. 下列关于《统计法》的表述,正确的是(　　)。
A. 在统计法律制度中具有最高的法律效力
B. 其他的统计法规、规章不得与其相抵触
C. 所规定的内容是统计工作中一些根本性问题
D. 是由我国最高行政机关制定的
E. 是关于统计方面的行为规范
27. 重点调查的主要特点有(　　)。
A. 投入少　　B. 调查速度快
C. 可推断总体　　D. 数据精确度高

E. 所反映的主要情况或基本趋势比较准确

28. 某地区 2020 年居民消费价格指数为 105.5%,这一结果说明(　　)。

A. 居民消费价格平均上涨了 5.5%　　B. 消费品销售额上涨了 5.5%

C. 由于物价上涨使居民消费水平下降了 5.5%　　D. 消费品销售量平均上涨了 5.5%

E. 由于物价上涨使居民购买力下降了 5.5%

29. 社会统计内容包括(　　)统计。

A. 司法　　B. 科学研究　　C. 妇女儿童　　D. 住宿餐饮

E. 人民生活

30. 根据居住的状态,住户可以分为(　　)。

A. 城镇住户　　B. 农村住户　　C. 家庭居住户　　D. 集体居住户

E. 个体经营户

31. 下列选项中,反映数据离散程度的是(　　)。

A. 方差　　B. 标准差　　C. 众数　　D. 中位数

E. 极差

32. 在各种平均指标中,不受极端值影响的平均指标有(　　)。

A. 算术平均数　　B. 调和平均数

C. 中位数　　D. 几何平均数

E. 众数

33. 由样本统计量来估计总体参数的方法主要有(　　)。

A. 无偏估计　　B. 一致估计

C. 点估计　　D. 总体总量估计

E. 区间估计

34. 抽样分布(　　)。

A. 是由样本统计量所形成的概率分布　　B. 仅仅是一种理论分布

C. 是一种经验分布　　D. 是推断总体参数的理论基础

E. 与总体分布是完全相同的

35. 以下关于恩格尔系数说法正确的是(　　)。

A. 恩格尔系数越大生活水平越高　　B. 恩格尔系数越小生活水平越高

C. 恩格尔系数是衡量日常生活必需品的标志　D. 恩格尔系数随着收入的上升而下降

E. 恩格尔系数随着收入的上升而上升

36. 下列表述中,错误的是(　　)。

A. 总体均值的置信区间都是由样本均值加减估计误差得到

B. 在小样本情况下,对总体均值的估计都是建立在总体服从正态分布的假定条件下

C. 当样本量 n 充分大时,样本均值的分布近似服从正态分布

D. 当总体服从正态分布时,样本均值不服从正态分布

E. 对总体均值进行区间估计时,不需要考虑总体方差是否已知

37. 下列各项中属于统计分类标准的有(　　)。

A. 城乡划分代码

B. 企业登记注册类型划分

C. 经济成分划分

D. 战略性新兴产业分类

E. 环境治理标准分类

38. 可用来判断现象之间相关方向的指标有(　　)。

A. 两个变量的均值

B. 相关系数

C. 回归系数

D. 两个变量的方差

E. 两个变量的标准差

39. 农业统计的主要内容包括(　　)。

A. 生产条件

B. 生产成果

C. 生产过程

D. 乡办工业

E. 经济效益

40. 居民消费价格指数能够反映(　　)。

A. 城乡商品零售价格的变动趋势

B. 城乡居民购买的生活消费品和服务项目价格的变动情况

C. 通货膨胀状况

D. 货币购买力变动

E. 对职工实际工资的影响

41. 如果用 p 表示商品价格,q 表示商品销售量,则公式 $\sum p_1q_1 - \sum p_0q_1$ 的意义是(　　)。

A. 综合反映价格变动和销售量变动的绝对额

B. 综合反映销售额变动的绝对额

C. 综合反映多种商品价格变动而增减的销售额

D. 综合反映由于价格变动而使消费者增减的货币支出额

E. 综合反映多种商品销售量变动的绝对额

42. 批发、零售企业用于经营销售的能源库存包括(　　)。

A. 寄存在外单位的商品

B. 购进的、经验收办理完入库手续的商品

C. 盘点中的账外产品

D. 代外单位保管的商品

E. 盘亏的商品

43. 中间投入也称为中间消耗,不包括(　　)。

A. 能够获取经济利益的研究与开发支出

B. 原材料消耗

C. 燃料动力消耗　　D. 购置的固定资产

E. 固定资产折旧

44. 不变价政府消费支出核算应综合利用(　　)缩减。

A. 人均工资指数　　B. 服务项目价格指数

C. 居民消费价格指数　　D. 零售价格指数

E. 固定资产投资价格指数

45. 建筑业主要活动包括(　　)。

A. 房屋建筑　　B. 土木工程建筑

C. 建筑安装　　D. 建筑装饰、装修

E. 物业管理

46. 在实践中,下列行为中,属拒报统计资料行为的有(　　)。

A. 明确表示不履行提供统计资料的义务且拒绝报送统计资料

B. 拒不参加年报会议,也不领取统计报表的

C. 不按期据实答复《统计检查查询书》

D. 在《统计报表催报通知单》规定的期限内报送了统计资料

E. 在《统计报表催报通知单》规定的期限内仍未报送统计资料

47. 初次分配总收入包括(　　)。

A. 财产收入　　B. 劳动者报酬

C. 所得税　　D. 生产税净额

E. 社会保险缴费

48. 我国现行统计法律规范的表现形式主要包括(　　)。

A. 统计法律　　B. 统计行政法规

C. 统计地方性法规　　D. 统计行政规章

E. 统计工作文件

49. 申请涉外调查许可证的机构应当具备的条件包括(　　)。

A. 依法成立,具有法人资格

B. 经营范围或业务范围包含市场调查或者社会调查内容

C. 在申请之日前一年内开展两项以上调查项目,或者调查营业额达到二十万元

D. 在最近一年内无重大违法记录

E. 有严格、健全的资料保密制度

50. 统计调查项目审批的原则是(　　)。

A. 合法性原则　　B. 必要性原则

C. 可行性原则　　D. 科学性原则

E. 时效性原则

51. 适用统计行政处分的对象是(　　)。

A. 行政机关公务员

B. 作为统计调查对象的企业事业单位、社会团体中由行政机关任命的人员

C. 地方人民政府、政府统计机构或者有关部门、单位的负责人

D. 个体工商户

E. 统计调查对象中承担经常性政府统计调查任务的人员

52. 下面关于我国统计管理体制的叙述正确的是(　　)。

A. 我国实行集中统一的统计管理体制

B. 我国实行统一领导、分级负责的统计管理体制

C. 我国实行集中与分散相结合的统计管理体制

D. 我国实行垂直与分散相结合的管理体制

E. 国家统计局负责组织领导和协调全国统计工作

53. 关于固定资产投资,下列说法正确的有(　　)。

A. 固定资产投资是建造和购置固定资产的经济活动

B. 固定资产投资是再生产活动

C. 固定资产投资包括固定资产的大修理、养护、维护

D. 固定资产投资属于实物投资

E. 固定资产投资可以扩大社会再生产的规模

54. 下列关于核算价格的表述,正确的有(　　)。

A. 基本价格是生产者生产的单位货物和服务向购买者出售时获得的价值,减去其应付所得税

B. 生产者价格是生产者生产的单位货物和服务向购买者出售时获得的价值,加上其应收补贴

C. 生产者价格不包括货物离开生产单位后所发生的运输费用和商业费用

D. 购买者价格是购买者购买单位货物和服务所支付的价值

E. 生产者价格 = 基本价格 + 产品税(不包括增值税) - 产品补贴

55. 一个完整的调查方案应该包括(　　)。

A. 调查目的　　B. 调查对象和调查单位

C. 调查表　　D. 调查方法和组织方式

E. 调查经费预算

56. 目前我国不变价 GDP 核算中采用单缩法的行业有(　　)。

A. 农林牧渔业　B. 工业　C. 建筑业　D. 批发零售业

E. 交通运输、仓储和邮政业

57. 下列各项中,应计入营业利润的有(　　)。

A. 销售费用　　B. 营业收入

C. 盘盈利得　　D. 政府补助

E. 投资收益

58. 工业企业主要统计指标除工业总产值之外,还包括(　　)。

A. 工业销售产值　　B. 工业出口交货值

C. 企业自用量　　D. 工业产品生产能力

E. 从业人员数

59. 下列关于平均数、中位数和众数的描述,正确的有(　　)。

A. 从信息量上看,平均数提供的信息要比中位数和众数多

B. 平均数容易受到少数极端值的影响

C. 中位数和众数具有统计上的稳健性

D. 当数据为偏态分布时,使用平均数的代表性较好

E. 三者都可以用来反映数据的集中趋势

60. 以下各项中,属于我国统计法的基本原则的有(　　)。

A. 统一统计原则　　B. 科学统计原则

C. 如实统计原则　　D. 国家统计优先的原则

E. 公共统计原则

61. 分省住户调查样本的抽选,以省为总体,抽选住宅的方法有(　　)。

A. 多阶段抽样　　B. 分层抽样　　C. PPS 方法　　D. 随机等距抽样

E. 与人口规模成比例的概率抽样

62. 关于能源消费量统计,下列说法正确的有(　　)。

A. 谁消费谁统计　　B. 何时购进何时计算

C. 消费量只能计算一次　　D. 消费量可以重复计算

E. 耗能工质应统计在内

63. 在组距数列中,组距大小(　　)。

A. 与全距的大小成正比　　B. 与全距的大小成反比

C. 只与全距的大小有关　　D. 与组数多少成正比

E. 与组数多少成反比

64. 根据企业生产活动性质,企业能源库存量分为(　　)。

A. 生产企业产成品库存　　B. 经销企业用于经营销售的库存

C. 使用企业用于消费的库存　　D. 经销企业用于消费的库存

E. 使用企业用于销售的库存

65. 下列关于统计量的表述中，正确的有(　　)。

A. 统计量是样本的函数

B. 估计同一总体参数可以用多个不同统计量

C. 统计量是随机变量

D. 统计量不能含有任何总体参数

E. 统计量不能含有未知的参数

66. 在假设检验中，当作出拒绝原假设而接受备择假设的结论时，表示(　　)。

A. 有充足的理由否定原假设

B. 原假设必定是错误的

C. 犯错误的概率不大于 α

D. 犯错误的概率不大于 β

E. 在 H_0 为真的假设下发生了小概率事件

67. 已知时间数列的最末水平、总发展速度和平均发展速度，则可计算(　　)。

A. 平均增长速度　B. 最初水平　C. 平均增长量　D. 环比增长速度

E. 逐期增长量

68. 下列关于机构单位的表述，正确的有(　　)。

A. 有权独立拥有货物和资产，能够与其他机构单位交换货物或资产的所有权

B. 能够作为直接负有法律责任的经济实体决定和从事相应的经济活动

C. 能以自己的名义承担负债、其他义务或未来的承诺，并能签订契约

D. 能够编制出包括资金流量表在内的一套完整的账户

E. 机构单位是指有权拥有资产和承担债务，能够独立地从事经济活动并与其他实体进行交易的经济实体

69. 居民可支配收入中，属于工资性收入的有(　　)。

A. 租金收入

B. 住房补贴

C. 补发工资

D. 困难补助

E. 实物福利

70. 流动资产包括(　　)。

A. 现金　B. 应付工资　C. 银行存款　D. 存货

E. 应付债券

71. 国民经济核算中，机构单位按其性质及在国民经济中的功能划分为(　　)等机构部门。

A. 非金融企业部门

B. 金融机构部门

C. 广义政府部门

D. 住户部门

E. 省外部门

72. 非全面调查包括(　　)。

A. 典型调查　B. 重点调查　C. 普查　D. 抽样调查

E. 全面定期统计报表

73. 我国统计工作实行统一领导、分级负责的管理体制,其中统一领导体现在(　　)。

A. 国家统计局统一组织领导和协调全国统计工作

B. 垂直管理地方各级统计机构

C. 统一领导统计调查业务

D. 统一指导部门统计业务

E. 统一组织管理全国统计工作的监督检查

74. 下列有关广州市统计局表述正确的有(　　)。

A. 依法管理广州市的统计工作

B. 建立健全广州市统计信息共享机制

C. 完成国家统计调查任务

D. 直接公布广东省统计局组织实施的统计调查取得的统计资料

E. 可以审核下级统计机构报送或提供的数据质量

75. 下列各项中属于农业统计主要指标的有(　　)。

A. 农产品产量　　B. 乡村户数

C. 居民农产品消费量　　D. 农产品生产者价格指数

E. 农林牧渔业增加值

76. 我国现行的统计法律法规包括的主要形式有(　　)。

A. 统计法律　　B. 统计行政法规

C. 宪法　　D. 地方性统计法规

E. 统计行政规章

77. 计算工业总产值应遵循的原则有(　　)。

A. 工业生产原则　　B. 最终产品原则

C. "成本法"原则　　D. "收入法"原则

E. "工厂法"原则

78. 我国现行的统计单位包括(　　)。

A. 住户　　B. 法人单位

C. 个体经营户　　D. 产业活动单位

E. 境外活动单位

79. 下列属于资产的是(　　)。

A. 商誉　　B. 存货　　C. 债券　　D. 实收资本

E. 应付股利

80. 经济普查数据被政府、部门(行业协会)、研究机构和企业广泛应用于(　　)。

A. 农业产业分析　　B. 修订 GDP

C. 预测经济形势　　D. 制定公共政策

E. 进行投资决策

81. 统计执法监督检查机构的主要职责有(　　)。

A. 宣传、贯彻统计法律法规规章

B. 组织、指导、监督、管理统计执法监督检查工作

C. 组织实施统计执法"双随机"抽查,受理、办理、督办统计违法举报

D. 监督查处涉外统计调查活动和民间统计调查活动中的违法行为

E. 法律、法规和规章规定的其他职责

82. 房地产开发经营包括(　　)。

A. 土地开发　　B. 房地产开发

C. 住宅租赁活动　　D. 房屋销售

E. 房屋租赁

83. 统计行政法律责任的形式主要有(　　)。

A. 统计行政处罚　　B. 行政拘留

C. 责令停产停业　　D. 行政处分

E. 暂扣或吊销许可证

84. 统计行政复议程序除由统计行政管理相对人依法申请复议外,还包括(　　)。

A. 起诉　　B. 受理　　C. 审查　　D. 决定

E. 执行

85. 统计调查设计中,会导致系统性误差的方法设计缺陷有(　　)。

A. 调查范围覆盖不全　　B. 尽可能减少调查对象负担

C. 样本轮换不及时　　D. 抽样调查样本数量不足

E. 最大限度满足用户需求

86. 关于工业企业生产设备普查的下列说法中正确的是(　　)。

A. 工业企业的每一台设备是调查单位　　B. 工业企业的每一台生产设备是调查单位

C. 工业企业的所有设备是调查对象　　D. 工业企业的所有生产设备是调查对象

E. 每一个工业企业是填报单位

87. 下列指标属于相对指标的有(　　)。

A. 男性人口数　　B. 单位成本　　C. 消费率　　D. 人口密度

E. 产业比重

88. 按技术开发程度划分,能源可分为(　　)。

A. 一次能源　　B. 新能源

C. 传统能源　　D. 清洁能源

E. 燃料型能源

89. 统计调查综合表指标是统计需求的概念化和具体化,具有(　　)。

A. 个体性　　B. 具体性　　C. 数量性　　D. 综合性

E. 普遍性

90. 在收入分配统计中,下列各项属于经常转移的是(　　)。

A. 投资性补助　　B. 社会补助　　C. 社会保险付款　　D. 收入税

E. 社会保险福利

91. 下列各项中属于社会消费品零售总额统计方法的是(　　)。

A. 全面调查　　B. 抽样调查　　C. 重点调查　　D. 典型调查

E. 科学推算

92. 查处统计违法案件应当做到(　　)。

A. 事实清楚　　B. 证据确凿　　C. 定性准确　　D. 适用法律正确

E. 符合法定程序

93. 统计的基本任务是(　　)。

A. 进行统计调查、统计分析　　B. 提供统计资料

C. 提供统计咨询意见　　D. 制定宏观政策

E. 实行统计监督

94. 工业企业主要统计指标除工业总产值之外,还包括(　　)。

A. 工业销售产值　　B. 工业出口交货值

C. 工业中间投入　　D. 工业增加值

E. 从业人员数

95. 统计机构、统计人员的统计调查权包括(　　)。

A. 布置统计调查任务　　B. 询问权　　C. 审核权　　D. 要求权

E. 质疑权

96. 下列各项中应计入工业企业销售产值的有(　　)。

A. 实际销售的全部成品价值　　B. 只收取加工费的来料加工成品价值

C. 实际销售的半成品价值　　D. 对外加工费收入

E. 对外修理作业收入

97. 按照反应现象的特点不同,数据可以分为分类数据、顺序数据和数值型数据,这三类数

据的特点是(　　)。

A. 分类数据可以计算均值　　B. 顺序数据包含的信息比分类数据多

C. 数值型数据可以计算均值　　D. 分类数据可以排序

E. 数值型数据计量功能大

98. 抽样调查得到6户家庭的住房面积(平方米)分别是:60、80、80、90、100、130,这6户家庭住房面积的(　　)。

A. 平均数为90　　B. 方差为560

C. 众数为80　　D. 极差为60

E. 中位数为80

99. 计算和应用平均数时,受数据中极端数值影响的平均数是(　　)。

A. 调和平均数　　B. 几何平均数　　C. 众数　　D. 中位数

E. 算术平均数

100. 下列各项中,即适用于定性数据,又适用于定量数据的图形表示方法有(　　)。

A. 饼图　　B. 直方图　　C. 条形图　　D. 环形图

E. 散点图

101. 在一个有限总体中,抽取样本容量为 n 的样本,其可能抽取的样本个数取决于(　　)。

A. 样本容量的大小　　B. 总体全部单位数

C. 抽样方法　　D. 抽样目的

E. 总体方差

102. 抽样调查中,样本量的多少会影响(　　)。

A. 样本代表性的大小　　B. 样本误差的大小

C. 系统误差的大小　　D. 总体差异的大小

E. 置信度的大小

103. 下列关于工业统计的表述,正确的有(　　)。

A. 工业统计包括采矿业,制造业以及电力、热力、燃气及水生产和供应业的统计

B. 工业统计调查单位包括工业法人单位和工业个体经营单位

C. 对规模以下工业统计单位调查采用抽样调查的方法收集样本数据,进行推算

D. 工业总产值是按不变价格进行计算的

E. 规模以上工业统计单位是指年主营业务收入1 000万元以上的工业法人单位

104. 在假设检验中,显著性水平 α 表示(　　)。

A. $P\{$接受 $H_0 | H_0$ 为假$\}$　　B. $P\{$拒绝 $H_0 | H_0$ 为真$\}$

C. $P\{$拒绝 $H_1 | H_1$ 为真$\}$　　D. 取伪概率

E. 弃真概率

105. 在统计假设检验中,根据检验的类型,其临界值(　　)。

A. 都是两个　　B. 都是一个

C. 可能是一个,也可能是两个　　D. 只能是正值

E. 可能是正值,也可能是负值

106. 按照统计法律法规的规定,县级以上人民政府统计机构及其统计人员独立行使统计调查、统计报告、统计监督的职权不受侵犯,这些职权主要表现在(　　)方面。

A. 统计调查权　　B. 统计报告权

C. 统计检查权　　D. 行政惩戒权

E. 人员任免权

107. 在大样本的情况下,检验 $H_0:\mu\leqslant\mu_0$,$H_1:\mu>\mu_0$,则(　　)成立时,可接受原假设。

A. P 值 $<\alpha$　　B. P 值 $>\alpha$

C. $z<z_\alpha$　　D. $z>z_\alpha$

E. $z>z_{\alpha/2}$

108. 下列有关累积增长量与逐期增长量之间关系中正确的是(　　)。

A. 前者基期水平不变,后者基期水平总在变动

B. 二者存在关系式:逐期增长量之和等于相应的累积增长量

C. 相邻的两个逐期增长量之差等于累计增长量

D. 根据累计增长量可以计算平均增长量

E. 根据各期增长量可以计算平均增长量

109. 在计算股价平均数和股票价格指数时,所选择的股票必须具有(　　)。

A. 代表性　　B. 随机性　　C. 相似性　　D. 公平性

E. 敏感性

110. 假设检验的基本思想是(　　)。

A. 反证法思想　　B. 逻辑推理法

C. 最小二乘法　　D. 归纳演绎法

E. 小概率事件原理

111. 未取得涉外调查许可证进行涉外调查的,可能承担的法律责任包括(　　)。

A. 责令停止调查

B. 有违法所得的,没收违法所得

C. 违法所得 50 万元以上的,处违法所得 1 倍以上 5 倍以下的罚款

D. 没有违法所得的,处 200 万元以下的罚款

E. 依法追究刑事责任

112. 根据《统计法》规定，个体工商户有下列(　　)行为之一的，由县级以上人民政府统计机构责令改正，给予警告，可以处1万元以下的罚款。

A. 迟报统计资料

B. 提供不真实或者不完整的统计资料的

C. 拒绝答复或者不如实答复统计检查查询书的

D. 拒绝、阻碍统计调查、统计检查的

E. 转移、隐匿、篡改、毁弃或者拒绝提供原始记录和凭证、统计台账、统计调查表及其他相关证明和资料的

113. 下列组织机构从事的农业生产活动属于农业统计范围的是(　　)。

A. 农业法人单位　　B. 农业产业活动单位

C. 农业科学单位　　D. 农业经营户

E. 农业未注册单位

114. 统计行政处罚作为一种具体的统计行政行为，其特点是(　　)。

A. 实施统计行政处罚的主体是县级以上人民政府统计机构

B. 统计行政处罚属于行政处分的范畴

C. 被处罚的行为是违反统计行政法律规范的行为

D. 统计行政处罚属于行政责任范畴，只适用于统计行政违法

E. 被处罚的行为是一种统计行政违法行为，部分行为构成犯罪

115. 根据法律法规的规定，统计行政许可项目有(　　)。

A. 政府统计调查项目审批　　B. 涉外社会调查项目审批

C. 部门统计标准审批　　D. 涉外调查机构资格认定

E. 涉外社会调查项目审查

116. 下列各项中，社会统计内容包括(　　)统计。

A. 司法　　B. 科学研究

C. 妇女儿童　　D. 住宿餐饮

E. 人民生活

117. 统计机构从事的活动包括(　　)。

A. 统计调查　　B. 统计数据加工整理

C. 统计分析预测　　D. 统计信息咨询

E. 统计协调管理

118. 下列各项中应计入被调查单位从业人员的有(　　)。

A. 试用期人员　　B. 实习的大学生

C. 休病假2个月的人员　　D. 招用的临时人员

E. 派往外单位工作,但工资仍由本单位发放的人员

119. 根据《统计法》规定,地方各级人民政府、政府统计机构和有关部门以及各单位的负责人(　　)。

A. 不得自行修改统计机构和统计人员依法搜集、整理的统计资料

B. 不得提供不真实、不完整的统计资料

C. 不得以任何方式要求统计机构、统计人员及其他机构、人员伪造、篡改统计资料

D. 不得拒报、迟报统计资料

E. 不得对依法履行职责或者拒绝、抵制统计违法行为的统计人员打击报复

120. 绘制箱线图的一组数据的 5 个特征值有(　　)。

A. 算术平均数　　B. 中位数

C. 最小值　　D. 最大值

E. 两个四分位数

121.《统计法》规定,我国统计行政处罚的种类有(　　)。

A. 警告　　B. 罚款

C. 责令停产停业　　D. 暂扣或者吊销许可证

E. 行政拘留

122. 关于统计行政复议的审查,下列表述正确的有(　　)。

A. 统计行政复议的审查是统计行政复议的关键阶段

B. 统计行政复议采取实质审查的办法

C. 统计行政复议的审查,是统计行政复议机关对该案件的事实、证据、法律适用及争论的焦点等进行审查的过程

D. 在审查范围上实行全面审查的原则

E. 受原具体统计行政行为内容范围的限制

123. 根据《统计法》规定,下列行为属于统计违法行为的有(　　)。

A. 虚报、瞒报统计资料

B. 伪造、篡改统计资料

C. 提供不真实或者不完整的统计资料

D. 拒绝提供统计资料或者经催报后仍未按时提供统计资料

E. 迟报统计资料

124. 某高校学生上网时间的差异很大,因此宜采用(　　)反映学生上网时间的平均水平。

A. 平均数　　B. 中位数

C. 众数　　D. 极差

E. 离散系数

125.《统计法》与其他法律规范相比所具有的特点是(　　)。

A. 广泛性　　B. 特殊性　　C. 复杂性　　D. 专业性

E. 强制性

126. 县级以上人民政府统计机构应当畅通统计违法举报渠道,公布统计违法(　　)等,认真受理、核实、办理统计违法举报。

A. 举报电话　　B. 网络专栏　　C. 通信地址　　D. 电子邮箱

E. 举报人员

127. 下列关于拉氏指数和派氏指数的陈述中,正确的是(　　)。

A. 拉氏指数主要受基期产品结构的影响　　B. 派氏指数主要受基期产品结构的影响

C. 拉氏指数要求每期更换权数资料　　D. 派氏指数要求每期更换权数资料

E. 派氏物量指数的解释更符合现实意义

128. 当统计调查表(　　)时,调查对象有权拒绝填报。

A. 缺少表号或文号　　B. 缺少制定机关

C. 缺少批准或备案文号　　D. 缺少制表人姓名

E. 超过有效期限

129. 下列关于众数的叙述,正确的有(　　)。

A. 一组数据可能存在多个众数　　B. 众数主要适用于分类数据

C. 一组数据的众数是唯一的　　D. 众数不受极端值的影响

E. 一组数据的众数不一定是唯一的

130. 国家统计局 2018 年 7 月 10 日发布的数据显示,2018 年 6 月份全国 CPI 环比微降 0.1%,走势基本平稳。其中,由于气温上升供给量增加,鲜菜价格指数下降 6.2%。鲜菜价格指数(　　)。

A. 是个体指数　　B. 是综合指数

C. 是质量指数　　D. 是数量指数

E. 综合反映了鲜菜价格的变动情况

131. 企业登记注册类型按大类分为(　　)。

A. 内资企业　　B. 个体工商企业

C. 股份合作企业　　D. 港、澳、台商投资企业

E. 外商投资企业

132. 可用于判断相关关系的方法有(　　)。

A. 相关表　　B. 相关图　　C. 散点图　　D. 相关系数

E. 回归系数

133. 统计行政处罚作为一种具体的统计行政行为,所具有的特点是(　　)。

A. 实施行政处罚的主体是县级人民政府统计机构

B. 被处罚的行为是违反统计法律规范的行为

C. 违反统计法律规范的行为造成了极其严重的后果

D. 统计行政处罚属于行政责任范畴

E. 被处罚对象是实施了统计违法行为的行政管理相对人

134. 下列有权颁发涉外调查许可证的机构是(　　)。

A. 国家统计局　　B. 内蒙古自治区统计局

C. 洛阳市统计局　　D. 广州市统计局

E. 北京市统计局

135. 现行国家统计调查制度中,固定资产投资统计范围包括(　　)。

A. 固定资产项目投资　　B. 金融项目投资

C. 房地产开发投资　　D. 农村农户投资

E. 小微企业投资

判断题

（本部分为判断题，正确打“√”，错误打“×”，每小题1分）

1. 统计人员应当坚持实事求是，恪守职业道德，对其负责搜集、审核、录入的统计资料与统计调查对象报送的统计资料的真实性、准确性、及时性和完整性负责。（ ）

2. 重点调查属于概率抽样。（ ）

3. 统计法律在统计法律制度中具有最高的法律效力，是制定统计行政法规、地方性统计法规、统计规章的依据，统计行政法规、地方性统计法规及统计规章均不得与统计法律相抵触。（ ）

4. 制定统计地方性法规时，可以根据本地区实际情况对《统计法》中的规定有所突破。（ ）

5. 统计机构和统计人员对在统计工作中知悉的国家秘密、商业秘密和个人隐私应当予以保密。（ ）

6. 统计调查制度一经批准或者备案即产生法律效力。（ ）

7. 统计调查项目的必要性原则主要审查该统计调查项目的立项是否有充分的依据，并有明确的调查目的和资料用户，申请单位是否具备实施该统计调查项目的能力。（ ）

8. 行政复议决定一经送达，立即发生法律效力，当事人应当履行。如不履行或者故意拖延履行，有关机关应当责令其限期履行。（ ）

9. 对县级以上地方各级人民政府统计机构和其他行政机关以共同的名义作出的具体行政行为不服的，其复议管辖权归属于上级人民政府。（ ）

10. 统计行政诉讼中的原告只能是公民。（ ）

11. 对国家统计局派出的其他调查机构作出的行政处罚决定不服的，向国家统计局在该派出机构所在的省、自治区、直辖市派出的调查机构申请行政复议。（ ）

12. 统计法的特殊性是指统计法律制度中包含着大量关于统计工作的技术性规范，如统计调查制度、统计标准等，这些规范是统计法律制度的重要组成部分。（ ）

13. 在推算企业的经济成分时，是以企业资本金的构成资料为依据，按各投资主体投入的资本所占的比例来确认各种经济成分所占的份额，并以此推算有关经济指标的经济成分构成。（ ）

14. 调查对象负担过重会直接影响调查对象的配合度，填报数据的差错率也会上升，从而影

响到统计数据质量。 (　　)

15. 划分企业类型时,大型、中型、小型和微型企业须同时满足所列指标的下限。 (　　)

16. 工业企业对外销售的半成品可视为最终产品计入工业总产值。 (　　)

17. 工业销售产值不含半成品在制品期末期初差额价值,而工业总产值包括这部分的价值。 (　　)

18. 实验法是通过有意识地改变或控制某些输入变量,观察其他输出变量的变化,从而达到对事物本质或相互联系的认识。 (　　)

19. 从 1964 年起,我国薯类按 5 公斤的鲜薯折 1 公斤粮食计入粮食产量。 (　　)

20. 投资回收率是建设项目建成投产后年平均利税额与建设项目全部固定资产投资额的比率。 (　　)

21. 人口自然增加数等于当期出生人口减去死亡人口加上净流出人口数。 (　　)

22. 不论统计调查还是实验,所搜集到的数据都是原始数据。 (　　)

23. 目前我国按高位热值换算燃料的发热值。 (　　)

24. 人口自然增长率是指一定时期人口自然增加数与当期末人口数之比。 (　　)

25. 计算股票价格指数时,必须以发行量为权数进行加权综合。 (　　)

26. 一个由涉外婚姻组成的家庭是住户调查的对象。 (　　)

27. 统计机构和统计人员依照统计法规定独立行使统计调查、统计报告、统计监督的职权,不受侵犯,不受监督。 (　　)

28. 统计报表是按照国家统一规定的调查要求与文件(指标、表格形式、计算方法等),自上而下地统一布置、自下而上地逐级提供基本统计资料的一种调查方式。 (　　)

29. 1% 人口抽样调查制度属于我国周期性调查制度。 (　　)

30. 农业统计的范围与第一产业统计范围一致。 (　　)

31. 住户是指居住在一个住宅内,共同分享生活开支或收入的一群人,住户成员之间必须是有亲属关系的。 (　　)

32. 气泡图可用于展示三个变量之间的关系。 (　　)

33. 总体标准差越大,说明总体中各单元的差异越大,平均数的代表性越小。 (　　)

34. 能够对统计总体进行分组,是由统计总体中的各个单位所具有的同质性特点决定的。 (　　)

35. 农业普查每 10 年进行两次,在逢 1 和 6 的年份实施。 (　　)

36. 当一组数据呈现急剧增长或急剧下降时,对其分组宜采用不等距分组。 (　　)

37. 抽样误差就是指由于错误判断事实或者登记事实而发生的误差。 (　　)

38. 假设检验中拒绝域的大小与显著性水平有关。 (　　)

39. 假设检验依据的基本原理是小概率原理。（　　）

40. 国家统计局对其派出机构的人员和编制实行垂直管理。（　　）

41. 支付给在岗职工的劳动报酬，只有计入成本的部分才计入工资总额的计算范畴。（　　）

42. 国际收支平衡表包括经常账户、资本和金融账户、净误差与遗漏。（　　）

43. 在统计工作实践中，统计管理体制突出表现为“集中统一领导”和“分级分部门负责”两大特性。（　　）

44. 房地产开发和城乡居民购买商品房屋的支出均纳入固定资产投资统计范围。（　　）

45. 根据《统计法》规定，地方各级人民政府统计机构可以制定地方统计标准，报上一级统计机构审批。（　　）

46. 法人单位和产业活动单位之间不存在隶属关系。（　　）

47. 党的十一届三中全会以来，我国统计工作进入新的发展阶段。1979 年 3 月，国务院批准恢复国家统计局。（　　）

48. 统计资料的审核、签署人员应当对其审核、签署的统计资料的真实性和完整性负责。（　　）

49.《统计法》的作用只是为了保障统计资料的准确、及时。（　　）

50.《统计法》主要规定了统计调查对象统计调查的义务，以及不履行统计调查义务所承担的法律责任。（　　）

51.《统计上大中小微型企业划分办法》按照行业门类、大类、中类和组合类别，依据从业人员、营业收入、资产总额等指标或替代指标，将我国的企业划分为超大型、大型、中型、小型、微型等五种类型。（　　）

52. 广义的统计法包含了统计法律、法规和规章，但不包括规范性文件。（　　）

53. 建立统计信息共享机制的主体是市级以上人民政府统计机构和有关部门以及县乡镇人民政府。（　　）

54. 房屋新开工面积指整栋房屋的全部建筑面积，不能分割计算。（　　）

55.《统计法》规定，国务院设立国家统计局，负责组织领导和协调全国的统计工作。（　　）

56. 国务院有关部门可以根据本部门统计工作需要制定国家统计标准，报国家统计局审批。（　　）

57. 全部经常转移都属于收入分配交易范畴，部分资本转移属于收入分配交易范畴。（　　）

58. 法人单位与产业单位不能一致。（　　）

59. 人口普查的登记工作,采用普查员入户查点询问事后填报的方式进行。 ( )

60. 统计工作所需经费是单独计算的,无列入财政预算之必要。 ( )

61. 国家统计局派出的调查机构组织实施的统计调查活动中发生的统计违法行为,由组织实施该统计调查的调查机关负责查处。 ( )

62. 统计执法监督检查的主体是县级以上各级人民政府法制工作机构。 ( )

63. 经济作物包括稻谷、油料、棉花、生麻、糖料、烟叶、中草药材、蔬菜、瓜果等。 ( )

64. 被督查地区、部门收到统计督察组反馈意见后,应当对存在的问题认真整改落实,并在3个月内将整改情况反馈国家统计局。情况复杂,不能在规定期限内完成整改的,经国家统计局批准,可以适当延长,但最多不超过6个月。 ( )

65. 一般说来,典型调查结果不可用于推算总体数据。 ( )

66. 经济普查对个体经营户可采用全面调查方法。 ( )

67. 文化及相关产业是指为社会公众提供文化产品和文化相关产品的生产活动的集合。 ( )

68. 统计调查设计的好坏直接关系到调查方案的科学性、可行性,关系到调查工作的成本或费用,关系到调查结果的可靠性。 ( )

69. 在固定资产投资统计中,对农村农户固定资产投资统计采用抽样调查方法。 ( )

70. 九年义务教育巩固率是指普通中学初中毕业生数与小学毕业生数的比例。 ( )

71. 居民消费价格指数是对城市居民消费价格进行综合汇总计算的结果。 ( )

72. 房屋新开工面积包括上期跨入报告期继续施工的房屋面积。 ( )

73. 容积率是一定地块内,地上和地下总建筑面积与总建设用地面积之比。 ( )

74. 工业公司所属分公司和子公司一般都是企业法人。 ( )

75. 统计法是规定各类统计调查对象、统计产品用户在统计活动中的权利和义务的总称。 ( )

76. 批评教育是一种具有训诫性质的统计行政法律责任形式。 ( )

77. 统计法是我国民事法律的一个组成部分。 ( )

78. 能源加工、转换的投入量包括经营管理用能。 ( )

79. 按使用性质划分,能源可分为可再生能源和非可再生能源。 ( )

80. 一般文盲率 = 文盲人数/全部人口数。 ( )

81. 国务院各部委和具有行政管理权的国务院直属机构可以根据工作需要制定统计行政法规。 ( )

82. 涉外调查许可证可以转让。 ( )

83. 顺序数据的功能比分类数据要弱一些。 ( )

84. 统计表是由各单位制定的,上报给统计部门的专门报表。 ( )

85. 统计指数就是反映复杂总体数量综合变动的方法。 ( )

86. 国家统计局统计调查取得的全国性统计数据和分省、自治区、直辖市统计数据,只能由国家统计局公布。 ( )

87. 只有当相关系数接近于 +1 时,才能说明两变量之间存在高度相关关系。 ( )

88. 相关关系中的正相关指的是两个变量的数量变动方向都是上升的。 ( )

89. 相关系数的大小与数据的计量尺度无关。 ( )

90. 相关关系是指变量与变量之间存在着一种确定性的数量依存关系。 ( )

91. 国民经济核算体系的五大机构部门分别为非金融企业部门、金融机构部门、非政府部门、为住户服务的非营利机构部门和住户部门。 ( )

92. 给予什么统计行政处罚,要以统计法为准绳,与统计违法行为的事实、性质、情节以及社会危害程度相当,不得滥罚。 ( )

93. 计算股票价格指数时,权数一般取股票的发行量,且必须以全部股票为计算对象。 ( )

94. 公开原则,是指作出统计行政处罚的规定要公开,要让全体人民周知,它是合法原则、公正原则的外在表现形式。但是,统计行政处罚的过程可以不公开。 ( )

95. 统计行政处罚对象对罚款的行政处罚不服,申请行政复议或者提起行政诉讼,可以不缴罚款。 ( )

96. 国家统计调查项目、部门统计调查项目、地方统计调查项目应当相互衔接,部门统计调查项目,地方统计调查项目不得与国家统计调查项目重复。 ( )

97. 国家统计局公布实施的《统计执法监督检查办法》属于统计行政规章。 ( )

98. 居民实际最终消费是居民自身承担的消费性货物和服务支出。 ( )

99. 申请涉外调查许可证,只需要提交涉外调查许可证申请表。 ( )

100. 涉外调查许可证有效期届满的,向原颁发机关缴回已过期的涉外调查许可证。但终止涉外调查业务的,无需向原颁发机关缴回涉外调查许可证。 ( )

101. 国家统计局对其派出机构的人员和编制实行分级管理。 ( )

102.《统计法实施条例》规定,县级以上地方人民政府统计机构在统计业务上受本级人民政府和上级人民政府统计机构的双重领导。 ( )

103. 县级以上地方各级人民政府可以根据工作需要设立统计机构。 ( )

104. 中华人民共和国境外组织、个人可以在中华人民共和国境内开展统计调查活动,但要由国家统计局和省(区、市)统计局批准。 ( )

105. 县级以上人民政府统计机构颁发的涉外调查许可证,其有效期为三年。 ( )

106. 根据法律和法规的有关规定,统计行政许可一共有两项涉外调查机构资格认定和涉外社会调查项目审批。（ ）

107. 政府土地出让行为计入政府财政收入。（ ）

108. 完整的国际投资头寸表由期初头寸、期间交易、期间非交易变化和期末头寸构成。（ ）

109. 统计执法监督检查不仅要对已经发生的统计违法行为进行严肃查处,还要通过积极开展统计执法监督检查,主动做好防患于未然的工作。（ ）

110. 统计执法检查员应当参加统计执法检查员资格培训,通过考试合格,取得统计执法监督检查证。（ ）

111. 统计执法监督检查机关在实施统计行政处罚时如果不严格履行法定的程序,处罚就是违法的、无效的。（ ）

112. 统计行政机关在处理统计违法案件时,不得因当事人申辩而加重处罚。（ ）

113. 部门统计调查项目中,调查对象属于本部门管辖系统的,需报国家统计局审批。（ ）

114. 在一般情形下典型调查的结果不宜用于推算总体数据。（ ）

115. 只要是统计调查表,调查对象都无权拒绝填报。（ ）

116. 县级以上人民政府有关部门应当及时向上级人民政府统计机构提供国民经济核算所需的财务资料、财政资料及其他资料。（ ）

117. 掌握业务核算资料是认定产业活动单位的重要依据。（ ）

118. 2004 年,根据形势发展的需要,国务院决定将农业普查、工业普查、第三产业普查和基本单位普查整合为经济普查。（ ）

119. 投入产出表是将生产法、收入法、支出法国内生产总值结合在一张表上,细化了国内生产总值核算。（ ）

120. 统计调查范围跨省、自治区、直辖市的涉外调查项目,由国家统计局审批。（ ）

121. 农业增加值核算中,对于价值在 1 000 元以下,但使用年限超过 1 年的小农具应作为固定资产消耗,以折旧形式计入增加值。（ ）

122. 建筑安装不包括工程收尾的装饰,如对墙面、地板、天花板、门窗等处理活动。（ ）

123. 地方人民政府统计机构有权制定地方统计调查项目及其统计调查制度,报国家统计局备案,组织开展地方统计调查。（ ）

124. 对粮食、猪、牛、羊等主要农产品产量的统计一般采用抽样调查的方法。（ ）

125. 采矿业指对固体、液体或气体等自然产生的矿物的采掘以及地质勘查、建筑工程活动等。（ ）

126. 工业企业在报告期内生产的经检验合格的产品,若在报告期内未售出,不计入该企业

工业总产值。（ ）

127. 出口交货值不包括销往香港、澳门、台湾地区的产品价值。（ ）

128. 失业人员是指一定年龄以上，有劳动能力，在调查期间无工作，当前无就业可能的人员。（ ）

129. 投入产出调查制度属于周期性调查制度。（ ）

130. 涉外调查机构，是指依法取得涉外调查许可证的机构。（ ）

131. 工资性收入指就业人员通过各种途径得到的全部劳动报酬。（ ）

132. 实物福利指单位或雇主免费或低价提供给员工的各种实物产品和服务折价。（ ）

133. 经营净收入指住户或住户成员从事生产经营活动所获得的净收入。（ ）

134. 财产净收入指住户和住户成员将其所拥有的金融资产和自然资源交由其他机构单位、住户或个人支配而获得的回报并扣除相关的费用之后得到的净收入。（ ）

135. 卫生总费用包括政府卫生支出、社会卫生支出、个人现金卫生支出。（ ）

136. 农业统计采用全面调查、抽样调查和重点调查相结合的方法。（ ）

137. 能源按成分划分，分为燃料型能源和非燃料型能源。（ ）

138. 样本均值的抽样分布就是指抽取出来的样本均值 $\bar{x}$ 的分布。（ ）

139. 老年人口比例是指老年人口数与平均人口数的比例。（ ）

140. 统计的信息职能是其最基本的职能，咨询和监督职能是在信息职能基础上的拓展和深化。（ ）

141. 制定机关修改统计调查项目的时间，也要计算在审批期限内。（ ）

142. 国家调查队主要服务地方政府，工作方式以抽样调查为主。（ ）

143. 统计设计环节主要指对统计指标、标准、统计方法、调查单位库、报表制度、工作流程和生产系统的设计。（ ）

144. 统计调查证应当贴有持证人照片，并标明持证人姓名、性别、出生年月、所在单位或聘用单位名称、发证机关、证件编号、发证日期、有效期限。（ ）

145.《中华人民共和国统计法》于 1983 年 12 月施行。（ ）

146. 在样本抽取前，样本统计量是一个随机变量；在样本抽取后，样本统计量仍有可能包含未知因素。（ ）

147. 对利用行政记录可以获得的统计资料，无须再通过其他统计调查方法获取。（ ）

148. 国民经济各产业部门收入法增加值之和大于收入法国内生产总值。（ ）

149. 如一栋建筑面积为 1 200 平方米的房屋，已完成施工 800 平方米，则其房屋竣工面积为800 平方米。（ ）

150. 住房公积金缴存和提取服务属于房地产业活动。（ ）

151. 为了解大学生创业情况,调查者对5名创业成功的大学生进行了访问和详细调查。这种调查方式属于典型调查。 ( )

152.《统计法》规定,统计调查项目分为国家统计调查项目、地方统计调查项目和民间统计调查项目三类,实行分类管理。 ( )

153. 根据《行政处罚法》规定,统计行政处罚决定书送达后,当事人到期不缴纳罚款的,每日按罚款数额的百分之一加处罚款。 ( )

154. 按照现行统计法律法规的有关规定,统计执法监督检查的对象包括统计调查对象和涉外调查机构。 ( )

155. 对违法所得的没收,本质上是一种追缴,是违法行为人因实施违法行为所付出的代价。 ( )

综合应用题

(以下每道综合应用题包括5道小题,每小题满分2分,前3小题为单选题,后2小题为多选题。少选或错选不得分)

(一)某一境外的公司现欲在中华人民共和国境内进行统计调查活动,以作公司战略准备。它向境内一律师事务所咨询相关事务。

请根据上述资料回答下列问题。

1. 针对中华人民共和国境外的组织、个人在我国境内进行统计调查活动作出规定的法律法规不包括(　　)。

A.《统计法》　　B.《统计法实施条例》

C.《涉外调查管理办法》　　D.《外商投资法》

2. 涉外调查机构申请批准涉外社会调查项目时,应提交的文件不包括(　　)。

A. 涉外社会调查项目申请表

B. 涉外调查许可证原件

C. 调查方案,包括调查的目的、内容、范围、时间、对象、方式等

D. 调查问卷、表格或者访谈、观察提纲

3. 如果该公司的调查范围限于北京市朝阳区,则应当向(　　)提出资格认定。

A. 国家统计局

B. 北京市统计局

C. 北京市朝阳区统计局

D. 国家统计局华北地区办公室

4. 涉外调查许可证应当注明的内容包括(　　)。

A. 调查机构的名称

B. 住所和颁发机关、颁发日期、编号

C. 登记类型

D. 许可范围、有效期

5.《涉外调查管理办法》对(　　)作出了明确规定。

A. 涉外调查许可证的申请条件　　B. 受理机关

C. 申请材料　　D. 审批程序

(二)为了解国家“十三五”发展规划执行情况,掌握服务业发展状况,工业和信息化部拟在全国随机选取部分服务业企业开展一次性专项调查。

请根据上述材料回答下列问题。

6.该统计调查项目属于(　　)。

A.国家统计调查项目　　B.部门统计调查项目

C.地方统计调查项目　　D.经常性统计调查项目

7.该统计调查项目应当(　　)。

A.报国务院审批　　B.报国务院备案

C.报国家统计局审批　　D.报国家统计局备案

8.按照《统计法》规定,如果该项统计调查项目被批准或者备案,其调查表应当标明的法定标志不包括(　　)。

A.表号、制定机关　　B.批准或者备案文号

C.填表单位　　D.有效期限

9.在组织实施统计调查中,某设区市工信局统计人员发现A服务业企业存在提供不真实统计资料的行为时,应当及时移送所在市统计局处理。所在市统计局在调查处理时,有权采取的措施包括(　　)。

A.发出统计检查查询书,向检查对象查询有关事项

B.就与检查有关的事项询问有关人员

C.进入检查对象的业务场所和统计数据处理信息系统进行检查、核对

D.对与检查事项有关的情况和资料进行记录、录音、录像、照相和复制

10.经现场核查,A服务业企业确有提供不真实统计资料的违法行为,事实清楚,证据确凿,依据《统计法》规定,可以给予该企业(　　)的行政处罚。

A.责令改正　　B.批评教育

C.警告　　D.罚款

(三)某设区市的A企业未按要求报送劳动工资统计报表,该企业收到市统计局的《统计报表催报单》之后,仍未按规定时间上报统计报表。市统计局认为该企业涉嫌统计违法,遂向其先后送达《统计行政处罚告知书》和《行政处罚决定书》。A企业不服市统计局的处罚决定,先后申请行政复议、提起行政诉讼。经审理,受理行政复议和行政诉讼的机关均维持了市统计局作出的处罚决定。

请根据上述材料回答下列问题。

11.A企业的统计违法行为属于(　　)。

A.拒绝提供统计资料或者经催报后仍未按时提供统计资料

B.迟报统计资料

C. 拒绝、阻碍统计调查

D. 拒绝、阻碍统计检查

12. 根据统计法律法规的有关规定，市统计局对 A 企业可以作出的行政处罚有(　　)。

A. 责令改正　　B. 警告、罚款

C. 没收违法所得　　D. 批评教育

13. A 企业对行政处罚决定不服，可以自收到《行政处罚决定书》之日起(　　)内提出行政复议申请。

A. 十五日　　B. 三十日

C. 六十日　　D. 三个月

14. A 企业不服行政处罚决定，可以向(　　)申请行政复议。

A. A 企业所在地的县人民政府　　B. 市人民政府

C. 市统计局　　D. 省统计局

15. 如果复议机关作出维持原行政处罚的复议决定后，A 企业仍不服，可以向(　　)提起行政诉讼。

A. A 企业所在地的基层人民法院　　B. 市统计局所在地的基层人民法院

C. 复议机关所在地的基层人民法院　　D. 复议机关所在地的中级人民法院

(四)某省地级市人民政府为了制定本市医疗改革发展规划，需由市发展改革委员会、卫生计生局和统计局共同组织开展专项的统计调查，调查对象为国有医疗机构、民营机构和患者。

请根据上述材料回答下列问题。

16. 由市发展改革委员会、卫生计生局和统计局共同组织开展专项的统计调查是(　　)。

A. 国家统计调查项目　　B. 部门统计调查项目

C. 地方统计调查项目　　D. 涉外统计调查项目

17. 该项统计调查项目应当(　　)。

A. 由该省统计局审批　　B. 由该省统计局备案

C. 由国家统计局审批　　D. 由国家统计局备案

18. 该统计调查项目审批或者备案机关应当核查该项目的(　　)。

A. 科学性　　B. 合法性

C. 合理性　　D. 合规性

19. 在组织开展该项统计调查中，如果发现调查对象中的国有医疗机构有报送不真实统计资料的行为，统计执法机关根据《统计法》的规定，可以给予的处罚是(　　)。

A. 警告　　B. 罚款　　C. 行政处分　　D. 通报

20. 如果统计执法机关对该项统计调查中的民营医疗机构的统计违法行为给予处罚，民营医疗机构不服，可以(　　)。

A. 提请听证　　B. 申请行政复议

C. 提出申诉　　D. 提起行政诉讼

(五)某工业企业有关资料如下：报告期生产成品价值1 000万元，在报告期全部销售，并销售上期生产的成品价值300万元；报告期对外加工费收入250万元，中间投入合计800万元，应交增值税50万元；报告期能源消费量为1 000吨标准煤。

请根据上述资料回答下列问题。

21. 该企业报告期工业总产值为(　　)万元。

A. 1 000　　B. 1 050

C. 1 250　　D. 1 300

22. 该企业报告期工业销售产值为(　　)万元。

A. 1 250　　B. 1 550　　C. 1 000　　D. 1 300

23. 该企业报告期单位工业增加值能耗为(　　)吨标准煤/万元。

A. 1.25　　B. 1.82　　C. 2.22　　D. 2

24. 工业企业能源消费量包括(　　)。

A. 生产消费的能源　　B. 非生产消费的能源

C. 回收利用的余能　　D. 调出本单位的能源

25. 计算工业增加值通常采用的方法是(　　)。

A. 生产法　　B. 成本法

C. 收入法　　D. 支出法

(六)某工业企业报告期生产成品价值1 000万元，全部售出，并销售上期生产的成品价值200万元；报告期对外承接的加工费收入100万元；报告期初和期末自制的半成品和在制品价值分别为80万元和60万元；报告期末应收账款150万元，应付账款70万元，短期借款50万元。

请根据上述资料回答下列问题。

26. 该企业报告期工业总产值是(　　)万元。

A. 1 080　　B. 1 100

C. 1 120　　D. 1 240

27. 该企业报告期工业销售产值是(　　)万元。

A. 1 000　　B. 1 100

C. 1 200　　D. 1 300

28. 该企业报告期末流动负债是(　　)万元。

A. 50　　B. 70

C. 120　　D. 270

29. 根据统计上大中小微型企业划分办法,工业企业划分依据的指标有(　　)。

A. 资产总额　　B. 从业人员

C. 营业收入　　D. 利润总额

30. 按照现行工业统计调查制度,下列表述正确的是(　　)。

A. 工业统计即为制造业统计

B. 调查单位不包括工业个体经营单位

C. 工业法人单位按照在地原则进行统计

D. 规模以下工业法人企业采用抽样调查方法收集数据

(七)某市政府为了了解居民对其公共服务的满意程度,想从居民中随意抽取若干名居民,调查其对公共服务的满意度。

请根据上述资料回答下列问题。

31. 市政府研究人员首先要确定居民中随机抽取的样本量,在总体比例 π 未知时,π 可取(　　)。

A. 0.7　　B. 0.3　　C. 0.5　　D. 1.0

32. 如果市政府对居民的满意度比率的期望是83%,抽样调查的满意度为80%,则检验统计量为(　　)。

A. 0.799　　B. 0.75　　C. 2.126　　D. 1.875

33. 如果市政府对居民的满意度比率的期望是83%,现欲对抽样调查出来的80%满意度比率与83%期望比率进行假设检验,应该选取检验的分布是(　　)。

A. Z 分布　　B. T 分布　　C. F 分布　　D. 不能确定

34. 上述假设检验的假设是(　　)。

A. $H_0: \pi = 83\%$　　B. $H_1: \pi \neq 83\%$

C. $H_0: \pi = 80\%$　　D. $H_1: \pi \neq 80\%$

35. 如果研究人员随机抽取100名居民进行调查,调查结果显示有80%的居民对公共服务表示满意。那么以95.45%的置信度估计该市居民对公共服务的满意度,其置信区间的(　　)。

A. 下限为 $80\% - 2 \times \frac{80\% \times 20\%}{\sqrt{100}} = 76.8\%$

B. 下限为 $80\% - 2 \times \sqrt{\frac{80\% \times (1-80\%)}{100}} = 72\%$

C. 上限为 $80\% + 2 \times \frac{80\% \times 20\%}{\sqrt{100}} = 83.2\%$

D. 上限为 $80\% + 2 \times \sqrt{\frac{80\% \times (1-80\%)}{100}} = 88\%$

(八)某国有企业由行政机关任命的主要负责人让本企业统计人员 2020 年工业总产值 7.33 亿元上报为 11.25 亿元。该企业所在地县统计局得到举报,对该企业进行统计执法监督检查时,该企业拒绝接受检查,谎称会计、统计人员生病、外出,不提供相关资料。

请根据上述资料回答下列问题。

36. 根据《统计法》规定,该企业和主要负责人存在的统计违法行为不包括(　　)。

A. 要求统计人员篡改统计资料　　B. 拒绝、阻碍统计检查

C. 提供不完整的统计资料　　D. 提供不真实的统计资料

37. 该企业主要负责人应当承担的法律责任种类是(　　)。

A. 责令改正　　B. 处分

C. 批评教育　　D. 行政处罚

38. 县统计局可以对该企业作出的行政处罚措施是(　　)。

A. 警告、罚款　　B. 没收违法所得

C. 责令停产停业　　D. 暂扣或者吊销执照

39. 该企业对县统计局的行政处罚不服,申请行政复议,复议机关是(　　)。

A. 该县统计局　　B. 该县人民政府

C. 上一级统计局　　D. 上一级人民政府

40. 该企业对县统计局的行政处罚不服,也可以直接提起行政诉讼,受理机关不包括(　　)。

A. 该县统计局　　B. 该县人民政府

C. 上一级统计局　　D. 该县统计局所在地的基层人民法院

(九)下表是某国投入产出简表(单位:亿元)。

	货物	服务	最终消费支出	资本形成总额	进口	出口
货物	854 014	137 159	150 076	308 599	133 819	126 888
服务	208 237	235 108	294 101	55 861	30 028	22 380
劳动者报酬	201 204	222 064	–	–	–	–
生产税净额	60 745	34 234				
固定资产折旧	42 574	67 752				
营业利润	90 005	104 638				

请根据上述资料回答下列问题。

41. 该国按支出法计算的国内生产总值为(　　)亿元。

A. 972 484　　B. 1 434 518

C. 2 257 734　　D. 823 216

42. 该国总产出是(　　)亿元。

A. 2 257 734　　B. 2 556 270

C. 2 407 002　　D. 800 955

43. 该国货物生产过程中对货物的直接消耗系数是(　　)。

A. 0.142 9　　B. 0.586 2

C. 0.729 2　　D. 0.595 3

44. 下列有关投入产出表的总量平衡关系中正确的是(　　)。

A. 总投入 = 总产出

B. 中间使用 + 最终使用 = 总产出

C. 中间投入 + 增加值 = 总投入

D. 某部门的增加值一定等于该部门的最终产品

45. 投入产出表中产品部门分类遵循同质性原则,即消耗结构相同和(　　)。

A. 大小规格相同

B. 生产工艺技术相同

C. 经济用途相同

D. 产品外观相同

(十)某城市最近10年的私人汽车拥有总量(Car,单位:万辆)、居民人均可支配收入(Inc,单位:万元)和公路总里程(Mil,单位:公里)数据如下表。

年份	2010	2011	2012	2013	2014	2015	2016	2017	2018	2019	均值	标准差
Car	231	231	231	246	253	257	266	266	271	280	253	17
Inc	1.85	1.91	1.99	2.11	2.31	2.54	2.88	3.11	3.54	4.11	2.64	0.72
Mil	21 114	21 347	21 492	21 673	21 849	21 885	22 026	22 226	22 256	22 312	21 818	387

请根据上述资料回答下列问题。

46. 为研究这三个变量之间的关系,最合适的图形是(　　)。

A. 气泡图　　B. 散点图

C. 折线图　　　　　　　　　　　　　　　D. 雷达图

47. 已知居民人均可支配收入与公路总里程的 Pearson 相关系数为 0.91，下列说法正确的是(　　)。

A. 在居民人均可支配收入与公路总里程的全部样本中，有 91% 的数据为高度相关

B. 将居民人均可支配收入的单位由万元”更改为“元”，该相关系数可能会发生变动

C. 居民人均可支配收入与公路总里程之间的数量变化不一定存在依存关系

D. 该相关系数 >0.8，所以无需统计检验即可说明上述两个变量为高度相关

48. 属于时期序列的是(　　)。

A. 私人汽车拥有总量

B. 居民人均可支配收入

C. 公路总里程

D. 上述三个都不是

49. 能反映私人汽车拥有总量集中趋势的测度值有(　　)。

A. 中位数为 253　　　　　　　　　　　　B. 众数为 231

C. 平均数为 253　　　　　　　　　　　　D. 标准差为 17

50. 以私人汽车拥有总量(Car)为因变量，以居民人均可支配收入(Inc)和公路总里程(Mil)作为影响私人汽车拥有总量的主要因素，建立的多元回归模型为：Car = −359.91 + 9.14Inc + 0.03Mil。该模型的多重判定系数为 0.94，并在 10% 的显著性水平下拒绝了回归方程和两个回归系数显著性检验的原假设。下列说法正确的是(　　)。

A. 居民人均可支配收入和公路总里程是影响私人汽车拥有总量变动的因素

B. 当人均可支配收入不变时，公路总里程每增加 1 公里，私人汽车拥有总量平均增加 300 辆

C. 残差平方和占总变差平方和的比例为 94%，说明模型拟合效果很好

D. 人均可支配收入和公路总里程对私人汽车拥有总量的线性效果是显著的

(十一) 某公司 2021 – 2022 年的产品产量及单位产品成本资料如下表所示。

商品名称计量单位	产品产量 q(公斤)		单位产品成本 z(元/公斤)	
	2021 年	2022 年	2021 年	2022 年
分公司 1	200	180	90	125
分公司 2	160	180	80	96
分公司 3	200	240	86	105
总公司	560	600	–	–

请根据上述资料回答下列问题。

51. 产品产量和单位产品成本,(　　)。

A. 前者是定性数据,后者是定量数据

B. 前者是定量数据,后者是定性数据

C. 两者都是定性数据

D. 两者都是定量数据

52. 反映产品产量和单位产品成本关系的适合图形是(　　)。

A. 直方图　　B. 茎叶图

C. 散点图　　D. 折线图

53. 与 2021 年相比,2022 年三个分公司的产品产量平均增长了(　　)。

A. 7.14%　　B. 13.33%

C. 12.5%　　D. 20%

54. 该公司单位产品成本变动的相对程度及绝对数分别为(　　)。

A. $\dfrac{\sum q_1 z_1}{\sum q_0 z_0} = \dfrac{180 \times 125 + 180 \times 96 + 240 \times 105}{200 \times 90 + 160 \times 80 + 200 \times 86} = \dfrac{64\ 980}{48\ 000} = 135.38\%$

B. $\dfrac{\sum q_1 z_1}{\sum q_1 z_0} = \dfrac{180 \times 125 + 180 \times 96 + 240 \times 105}{180 \times 90 + 180 \times 80 + 240 \times 86} = \dfrac{64\ 980}{51\ 240} = 126.82\%$

C. 64 980 − 48 000 = 16 980 元

D. 64 980 − 51 240 = 13 740 元

55. 对于产品产量指数和单位产品成本指数来说,(　　)。

A. 前者是数量指数　　B. 前者是质量指数

C. 后者是数量指数　　D. 后者是质量指数

(十二)A 市统计局在 2021 年的工作中取得了较为优异的工作成绩,赵某是该统计局的一名工作人员。

请根据上述资料回答下列问题。

56. 赵某作为统计人,在进行统计调查时,有权(　　)。

A. 对违反《统计法》的调查对象进行罚款

B. 要求统计调查对象改正不真实、不准确的资料

C. 公布在统计调查中获得的统计资料

D. 对不真实的统计资料予以修改

57. A市统计局与赵某独立行使的职权中不包括的是(　　)。

A. 统计调查　　B. 统计报告　　C. 统计监督　　D. 统计竞赛

58. A市统计局在公开统计资料时,可以采用(　　)的方式。

A. 广播　　B. 统计月报

C. 网络　　D. 杂志

59. A市统计局在统计工作中,应当遵循(　　)的原则。

A. 统一统计原则　　B. 独立统计原则

C. 如实统计原则　　D. 规范统计原则

60. A市统计局具有独立性的特点,体现在(　　)。

A. 是单设的职能机构

B. 独立行使统计工作职权,独立履行统计工作职责

C. 不受党的监督与领导

D. 在国家法律、法规和政策规定的范围内,独立支配、使用和管理人、财、物

(十三)为了准确、及时、全面地做好旅游统计工作,根据文化和旅游部《关于实施新的旅游统计调查制度的通知》要求,深圳市人民政府着力实施该调查项目。

根据上述资料回答下列问题。

61. 旅游统计调查项目属于(　　)。

A. 国家统计调查项目

B. 部门统计调查项目

C. 地方统计调查项目

D. 国家与部门共同统计调查项目

62. 深圳市旅游业统计调查所需经费应列入(　　)的财政预算。

A. 深圳市人民政府　　B. 广东省人民政府

C. 国务院以及深圳市人民政府　　D. 国务院以及广东省人民政府

63. 深圳市人民政府在统计调查的过程中,不属于应遵循的统计标准的是(　　)。

A. 深圳市旅游局制定的统计标准

B. 国家统计局和国务院标准化主管部门共同制定的标准

C. 文化和旅游部根据本部门的需要,在国家统计标准的基础上制定的补充性的部门统计标准

D. 国家统计局制定的标准

64. 旅游统计调查制度应当包括(　　)。

A. 调查目的,即通过旅游统计调查要实现的目标

B. 调查内容,即需要搜集的统计调查对象的相关原始数据和资料

C. 调查方法,即确定或选取统计调查对象的方法

D. 调查对象,即接受统计调查、履行申报义务的具体组织或个人,包括法人、其他组织和个人

65. 在该市新的《旅游统计调查制度》中,《旅游统计调查制度》由基层统计报表、部门统计报表、旅游抽样调查、专业统计报表、旅游统计分析和附录等六部分组成。下列选项中,属于专业统计报表的有(　　)。

A. 旅游院校基本情况

B. 各旅游行业职工培训情况

C. 对旅游统计分析报告的内容和报送时间的要求

D. 旅行社外联和接待情况

(十四)某省统计局在一次常规的工作检查中发现,该省某县的统计数据质量存在较大问题。经查,该县统计局按照工作程序搜集、汇总、核算出统计数据后,报告给该县领导人员。县领导人员马上开会对统计数据进行了讨论分析和研究,认为统计局所报的统计数据与本县的实际情况不符,需要重新核实填报。于是,县统计局组织部分工作人员对统计数据进行了调整,得到县领导人员的认可后,才向上级统计机构报送。

请根据上述资料回答下列问题。

66. 该县统计局及其工作人员的统计违法行为是(　　)。

A. 提供不真实的统计资料

B. 篡改统计资料

C. 要求统计调查对象或者其他机构、人员提供不真实的统计资料

D. 自行编造虚假统计数据

67. 省统计局启动核计违法案件查处程序,查处该案件的程序是(　　)。

A. 立案、调查、听证、结案

B. 立案、调查、处理、结案

C. 立案、调查、告知、结案

D. 立案、调查、处罚、结案

68. 该县领导人员的统计违法行为是(　　)。

A. 提供不真实的统计资料

B. 编造虚假统计数据

C. 对本地方、本部门、本单位发生的严重统计违法行为失察

D. 要求统计机构、统计人员或者其他机构、人员伪造、篡改统计资料

69. 该省统计局这次常规的工作检查行为属于(　　)。

A. 预防性统计执法行为

B. 查找统计违法隐患行为

C. 减少统计违法行为　　　　　　　　　　D. 统计监督行为

70. 对该县领导人员可以采取的处理措施是(　　)。

A. 由省统计局向该县领导人员的任免机关或者监察机关提出给予处分的建议

B. 由省统计局给予该县领导人员警告的处罚

C. 由省统计局给予该县领导人员罚款的处罚

D. 通报

(十五)为应对新冠疫情,各高校实施了“停校不停课”的网络教学。为了解学生网络上课情况,课题组从某市高校的研究生和本科生中分别各随机抽取了1 000名学生,调查其每天网络上课时间(分钟)。根据调查数据计算的相关指标如下表所示:

	研究生	本科生
平均	150	120
标准误差	2.924	3.518
中位数	150	90
众数	30	30
标准差	92.466	111.243
方差	8 550	12 375
峰度	−0.856	−0.437
偏度	0.132	1.021
区域	270	270
最小值	30	30
最大值	300	300
求和	150 000	120 000
观测数	1 000	1 000

请根据上述资料回答下列问题。

71. 本次搜集数据的调查方式是(　　)。

A. 简单随机抽样　　B. 整群抽样　　C. 分层抽样　　D. 等距抽样

72. 反映学生网络上课时间的适合图形是(　　)。

A. 直方图　　B. 茎叶图　　C. 散点图　　D. 折线图

73. 最能准确反映研究生和本科生网络上课时间差异程度的指标是(　　)。

A. 全距　　B. 标准差　　C. 方差　　D. 离散系数

74. 本科生与研究生的网络上课时间分布相比,(　　)。

A. 前者比后者的偏斜程度大

B. 前者比后者的偏斜程度小

C. 两者均呈扁平分布

D. 两者均呈尖峰分布

75. 学生网络上课时间95%的置信区间为(　　)。(注:$Z_{0.025}=1.96$)

A. 本科生为 $120 \pm 1.96 \times \frac{3.518}{\sqrt{1000}}$

B. 本科生为 $120 \pm 1.96 \times \frac{111.243}{\sqrt{1000}}$

C. 研究生为 $150 \pm 1.96 \times \frac{2.924}{\sqrt{1000}}$

D. 研究生为 $150 \pm 1.96 \times \frac{92.466}{\sqrt{1000}}$

(十六)某市2021年统计调查资料汇总加工后得到数据如下:年初常住人口800万人,年末常住人口820万人,其中常住外来人口120万人;就业人员480万人,失业人员20万人;居民人均可支配收入3万元,居民人均消费支出2万元,其中食品支出6 000元,生活用品及服务支出1 200元。

请根据上述资料回答下列问题。

76. 该市调查失业率是(　　)。

A. 2.4%　　B. 4%　　C. 4.2%　　D. 2.5%

77. 该市2021年平均人口数是(　　)万人。

A. 750　　B. 800　　C. 810　　D. 820

78. 该市居民恩格尔系数为(　　)。

A. 20%　　B. 24%　　C. 30%　　D. 36%

79. 关于恩格尔系数,下列说法正确的有(　　)。

A. 越大表示生活水平越高

B. 随着收入的上升而下降

C. 反映生活水平高低的指标

D. 反映收入分配差异的指标

80. 该市上述统计调查数据来自(　　)。

A. 人口普查　　B. 人口变动抽样调查

C. 劳动力调查　　D. 住户调查

(十七)某调查机构欲进行某城市居民对某项政策支持率的电话调查,该城市的总人口在1 000万以上,根据抽样理论,在置信度为95%,允许误差范围为5%的条件下,计算出所需调查的样本量为385。

请根据上述资料回答下列问题。

81. 本调查中的样本量为385,其计算中的 p 值取值应该是(　　)。

A. $p=0.1$　　B. $p=0.3$

C. $p=0.5$　　D. $p=0.8$

82. 调查结果显示,样本的支持率为68%,如果以置信度为95.45%的条件下,推断总体的支持率应该在(　　)。

A. [63.2%, 72.7%]　　B. [65.9%, 74.1%]

C. [61.2%, 74.1%]　　D. [66.0%, 74.0%]

83. 如果本市分为两个区,每个区的人口大约为500万,本次调查想分别对两个区的人口进行推断,都以95%的置信度和允许误差范围5%的条件下推断总体,这时两个小区应该抽取的样本量是(　　)。

A. 385　　B. 770

C. 1 155　　D. 不能确定

84. 如果调查结果显示,样本的支持率为68%,现在欲对总体的支持率进行区间估计,其可以应用正态分布统计量进行估计的前提条件是(　　)。

A. 总体的支持率大于5%

B. $np\geqslant 5$,其中 n 是样本量,p 是样本的支持率

C. $n(1-p)\geqslant 5$,其中 n 是样本量,p 是样本的支持率

D. 样本的支持率大于5%

85. 如果该地区有人认为,居民的支持应该是在70%或以上,根据抽样调查结果(　　)。

A. 在0.05的显著性水平下,没有理由拒绝这个结论

B. 在0.05的显著性水平下,可以拒绝这个结论

C. 在0.01的显著性水平下,没有理由拒绝这个结论

D. 不能确定这个结论

(十八)2021年,某城镇住户调查资料如下:小张小李一家3口人住在一起,仅有一套自有住房,其中孩子16岁上学,夫妻当年工资8万元,取得股票红利3千元,双方父母年龄均超过65岁,仅有小李母亲无工作需要她赡养,每年给其母5千元生活费,小张单位给职工购发放1 000元健身卡,小李单位给职工发放1 000元电影票,自有住房年度折算净额1万元,当年家庭消费支出6万元,其中食品消费2.1万元,衣着支出1万元,家庭用品及服务消费1万元,教育文化娱乐支出5千元。

请根据上述资料回答下列问题。

86. 该家庭人口负担系数是(　　)。

A. 0.5　　B. 1/3

C. 1/4　　D. 2/3

87. 该家庭2021年财产净收入是(　　)。

A. 3 000元　　B. 5 000元

C. －200元　　D. 13 000元

88. 该家庭2021年恩格尔系数是(　　)。

A. 0.35　　B. 0.43

C. 0.52　　D. 0.6

89. 关于住户收支调查中“住户”概念,下列说法正确的是(　　)。

A. 一个住户的成员之间可以没有亲属关系

B. 根据住户的户口所在地参加调查

C. 未分家的农村外出从业人员和随迁家属,外出时间超过一年的,也属于住户成员

D. 合租一套房的3个人视作一个住户

90. 关于住户调查下列表述正确的是(　　)。

A. 住户调查属于部门统计调查项目

B. 住户调查采用分层多阶段随机抽样方法

C. 住户调查以住户及其家庭成员为调查对象

D. 住户调查由国家统计局和地方统计局分别领导

(十九)国家卫生健康委员会为了了解我国家庭,尤其是计划生育家庭的基本情况,为制定家庭发展政策提供科学依据,决定在全国组织开展中国家庭发展追踪调查,调查对象为我国城乡的计划生育家庭和计划生育社会公共服务机构。

请根据上述材料回答下列问题。

91. 该项调查不适合采用的统计调查方法为(　　)。

A. 普查　　B. 抽样调查

C. 重点调查　　D. 典型调查

92. 该项统计调查属于(　　)。

A. 国家统计调查项目　　B. 部门统计调查项目

C. 地方统计调查项目　　D. 涉外统计调查项目

93. 当统计调查表(　　)时,统计调查对象有权拒绝填报。

A. 标明表号　　B. 标明制定机关

C. 标明批准或者备案文号　　D. 超过有效期限

94. 如果在组织开展该项统计调查中发现调查对象中的计划生育社会公共服务机构报送了不真实的统计资料,可以给予的处理为(　　)。

A. 警告　　B. 罚款

C. 通报　　D. 追究刑事责任

95. 如果被处罚的计划生育社会公共服务机构不服对其进行的处罚,可以(　　)。

A. 提起行政诉讼　　B. 提出申诉

C. 申请行政复议　　D. 提请听证

(二十)在时间数列的季节变动分析中常常要用季节指数法进行分析。下表中是某产品2017－2020年期间的各季销售数据。

2017－2020年期间的各季销售数据

年份	一季度	二季度	三季度	四季度	合计
2017年	86.5	99.4	101.9	144.2	432.0
2018年	89.2	98.6	102.3	150.2	440.3
2019年	91.2	100.2	103.5	152.4	447.3
2020年	93.5	104.8	106.7	163.5	468.5
合计	360.4	403.0	414.4	610.3	1 788.1

请根据上述资料回答下列问题。

96. 季节比率的分析方法,首先计算(　　)。

A. 各年的平均数　　B. 各年相同季节的平均数

C. 总平均数　　D. 不同季度的平均数

97. 计算各季度季节比率的公式为(　　)。

A. $季节比率=\frac{每季的合计}{合计}\times100\%$　　B. $季节比率=\frac{每年的合计}{合计}\times100\%$

C. $季节比率=\frac{同季平均数}{总平均数}\times100\%$　　D. $季节比率=\frac{同年的平均数}{总平均数}\times100\%$

98. 如果计算结果显示季节比率小于100%,则说明该季度的销售为(　　)。

A. 淡季　　B. 旺季

C. 平季　　D. 不能确定

99. 根据上表数据,计算出该产品第三季度和第四季度的季节比率分别是(　　)。

A. 第三季度80.6%　　B. 第四季度90.2%

C. 第三季度92.7%　　D. 第四季度136.5%

100. 这种季节比率计算方法的缺陷是(　　)。

A. 现象的本身特性　　B. 受各年数值大小的影响

C. 现象的内在联系　　D. 现象的长期趋势影响

(二十一)根据群众举报,甲省统计局赴本省A县开展统计执法检查。检查发现,A县政府有关部门通过召开工作培训会议等方式,指使、授意企业按照指定的数据填报统计报表,提供虚假情况。某国企负责人(由行政机关任命)对执法检查人员避而不见,指令企业统计人员伪造、篡改统计资料,统计人员不肯照做,被开除。

请根据以上材料回答下列问题。

101. 依据统计法律法规,A 县政府有关部门的负责人应当承担的法律责任是(　　)。

A. 政务处分　　B. 行政处罚

C. 刑事责任　　D. 批评教育

102. 该企业对甲省统计局的行政处罚决定不服,应该向(　　)申请行政复议。

A. 国家统计局或甲省统计局　　B. 甲省政府或甲省统计局

C. 国家统计局或甲省政府　　D. 甲省统计局或 A 县政府

103. 该企业起诉甲省统计局,要求撤销行政处罚,法院判决企业败诉,甲省统计局可以(　　)。

A. 在法定期限内提出上诉　　B. 依法申请法院强制执行

C. 再次作出统计行政处罚　　D. 依法及时履行判决

104. 该企业负责人的统计违法行为包括(　　)。

A. 拒绝、阻碍统计检查

B. 对拒绝、抵制统计违法行为的统计人员打击报复

C. 自行修改统计资料、编造虚假统计数据

D. 要求统计人员伪造、篡改统计资料

105. 甲省统计局告知该企业拟对其处以警告并较大数额罚款的行政处罚,该企业有权(　　)。

A. 进行陈述、申辩　　B. 要求听证

C. 申请行政复议　　D. 提起行政诉讼

(二十二)某省民政厅为了制定本省医疗改革方案,需要对本省的医疗机构和就医人员情况进行调查。

请根据上述资料回答下列问题。

106. 该项统计调查应当(　　)。

A. 报国家统计局审批　　B. 报国家统计局备案

C. 报本省统计局审批　　D. 报本省统计局备案

107. 组织实施这项统计调查时,如果发现调查对象有统计违法行为,应当(　　)。

A. 由省卫生厅对调查对象予以处罚

B. 由省卫生厅移送国家卫生健康委员会处罚

C. 由省卫生厅移送省统计局处罚

D. 由省卫生厅移送省政府法制机构处罚

108. 按照《统计执法监督检查办法》,如果对违法的医疗机构作出罚款处罚,应当告知其听证的罚款数额是(　　)。

A. 20 万元以上　　B. 10 万元以上

C. 5 万元以上　　D. 1 万元以上

109. 经过检查,发现该项统计调查的调查对象确实存在统计违法行为,可以给予统计调查对象的处罚是(　　)。

A. 处分　　B. 通报　　C. 警告　　D. 罚款

110. 统计行政法律责任的形式主要有(　　)。

A. 暂扣或吊销许可证　　B. 行政拘留

C. 统计行政处罚　　D. 行政处分

(二十三)某工业公司有关数据如下:报告期末在岗职工 1 000 人,再就业的离退休人员 20 人,兼职人员 30 人,借用的外单位人员 10 人;报告期生产成品价值 3 000 万元,对外承担的工业品加工费收入 200 万元;销售成品 5 000 万元,其中上期生产成品 2 000 万元;企业直接材料和制造费用中的中间投入 2 000 万元、销售费用和管理费用的中间投入合计 30 万元,报告期应交增值税 150 万元,工业能源消费量为 500 吨标准煤。

根据上述资料回答下列问题。

111. 该公司报告期末从业人员数为(　　)。

A. 1 000 人　　B. 1 050 人

C. 1 040 人　　D. 1 060 人

112. 该公司报告期工业增加值为(　　)。

A. 1 170 万元　　B. 1 320 万元

C. 1 020 万元　　D. 1 200 万元

113. 该公司报告期销售产值为(　　)。

A. 5 200 万元　　B. 5 000 万元

C. 3 000 万元　　D. 3 200 万元

114. 该公司工业中间投入合计应包括(　　)。

A. 直接材料的中间投入

B. 制造费用的中间投入

C. 销售费用和管理费用的中间投入

D. 应交增值税

115. 关于从业人员统计,下列说法正确的有(　　)。

A. 统计调查对象为法人单位、产业活动单位和个体经营户

B. 采用全面调查和抽样调查相结合的方法搜集数据

C. “谁发工资谁统计”是唯一原则

D. 法人单位在外地产业活动单位的人员应包含在法人单位中

(二十四)从全班 60 名学生中按学号随机抽取 6 名学生调查其上网情况。6 名学生的上网时间(小时/周)分别是:16、12、5、5、10 和 18。

请根据上述资料回答下列问题。

116. 本例中学生上网时间数据是(　　)。

A. 通过随意抽样的方法取得的
B. 通过非概率抽样的方法取得的
C. 通过简单随机抽样的方法取得的
D. 通过整群抽样的方法取得的

117. 6 名学生上网时间(小时/周)的(　　)。

A. 平均数为 $\bar{x}=(16+12+5+5+10+18)/6=11$

B. 中位数为 10

C. 中位数为 12

D. 众数为 18

118. 可以采用(　　)来反映学生上网时间的差异程度。

A. 极差
B. 众数
C. 平均数
D. 中位数

119. 6 名学生上网时间(小时/周)的(　　)。

A. 方差为 $s^2=\dfrac{(16-11)^2+(12-11)^2+(5-11)^2+(5-11)^2+(10-11)^2+(18-11)^2}{6-1}=29.6$

B. 方差为 $s^2=\dfrac{(16-11)^2+(12-11)^2+(5-11)^2+(5-11)^2+(10-11)^2+(18-11)^2}{6}=24.67$

C. 离散系数为 $V=\dfrac{s}{\bar{x}}=\dfrac{\sqrt{29.6}}{11}=49.46\%$

D. 离散系数为 $V=\dfrac{s}{\bar{x}}=\dfrac{\sqrt{24.67}}{11}=45.15\%$

120. 假设总体服从正态分布,全班学生平均上网时间 95% 的置信区间为(　　)。(注:$t_{0.025}(5)=2.06$)

A. 置信下限 $11-2.06\times\sqrt{\dfrac{29.6}{6}}$
B. 置信上限 $11+2.06\times\sqrt{\dfrac{29.6}{6}}$
C. 置信下限 $11-2.06\times\sqrt{\dfrac{24.67}{6}}$
D. 置信上限 $11+2.06\times\sqrt{\dfrac{24.67}{6}}$

(二十五)某汽车生产商欲了解广告费用(x)对销售量(y)的影响,收集了过去 12 年的有关数据。通过计算得到的方差分析表($\alpha=0.05$),如下表所示。

方差分析表

变差来源	*df*	*SS*	*MS*	*F*	significanceF
回归分析	1	1 602 708.6	1 602 708.6		2.17E-09
残差	10	40 158.07			
总计	11	1 642 866.67			

请根据上述资料回答下列问题。

121. 计算的判定系数为(　　)。

A. 0.985 6　B. 0.985 5　C. 0.975 6　D. 0.967 7

122. 计算的相关系数为(　　)。

A. 0.984 4　B. 0.985 5

C. 0.986 6　D. 0.987 7

123. 计算的估计标准误差为(　　)。

A. 1 265.98　B. 63.37　C. 1 281.17　D. 399.1

124. 方差分析表中空格的数据分别为(　　)。

A. 4 015.807　B. 0.975 5

C. 399.1　D. 0.002 5

125. 下列关于判定系数 R^2 的说法,正确的有(　　)。

A. 残差平方和越小,R^2 越小　B. 残差平方和越小,R^2 越大

C. $R^2=1$ 时,模型与样本观测值完全拟合　D. R^2 越接近于 1,模型的拟合程度越高

(二十六)某县政府为更好地推动企业转型和开展招商引资,要求县知识产权主管部门和统计局共同组织实施一项专利统计调查。

请根据上述材料回答下列问题。

126. 该项统计调查属于(　　)。

A. 国家统计调查项目　B. 部门统计调查项目

C. 地方统计调查项目　D. 民间统计调查项目

127. 该统计调查项目应当报(　　)审批。

A. 国家统计局　B. 所在省统计局

C. 所在市统计局　D. 县政府

128. 审批机关在审批该项统计调查项目时,应当遵循的原则不包括(　　)。

A. 必要性原则　B. 可行性原则

C. 科学性原则　D. 独立性原则

129. 县知识产权主管部门和统计局制定该统计调查项目时,同时制定了该项目的统计调查制度。下列选项中,属于统计调查制度内容的是(　　)。

A. 调查目的、内容　B. 调查对象

C. 调查方法、组织方式　D. 统计资料的报送、公布

130. 如果县知识产权主管部门和统计局未报经审批就组织开展了该项专利统计调查,需要承担的法律责任不包括(　　)。

A. 罚款　B. 批评教育

C. 政务处分　　　　　　　　　　　　D. 刑事责任

(二十七)某省民政厅为了制定本省"十四五"时期的发展规划,需要采用抽样调查的方法,对本地区民间机构和社会团体进行调查。

请根据上述材料回答下列问题。

131. 该项统计调查属于(　　)。

A. 国家统计调查项目

B. 部门统计调查项目

C. 地方统计调查项目

D. 民间统计调查项目

132. 该项统计调查应当报请(　　)。

A. 国家统计局备案

B. 国家统计局审批

C. 该省统计局备案

D. 该省统计局审批

133. 该省民政厅在组织实施这项统计调查时,发现调查对象有统计违法行为时,应当(　　)。

A. 由民政厅对调查对象进行处罚

B. 移送上级主管部门民政部处理

C. 移送省人民政府法制机构处理

D. 移送省统计局处理

134. 该项统计调查项目中的统计调查制度应当包括的内容有(　　)。

A. 调查目的、调查内容和调查方法

B. 调查对象、调查组织方式和调查表式

C. 统计资料的报送和公布

D. 统计资料的归档和保存

135. 如果查处这起统计违法案件,其程序是(　　)。

A. 移送　　　　B. 立案和调查　　　　C. 处理　　　　D. 结案

(二十八)某市统计局在工作中发现该市某事业单位的工资总额存在故意少报问题,遂向该单位发出《统计检查查询书》。该单位对查询书不予理睬,没有在规定的时间内回答被查询的有关问题。

请根据上述资料回答下列问题。

136. 上述行为属于(　　)的统计违法行为。

A. 迟报统计资料

B. 提供不真实的统计资料

C. 阻碍统计调查

D. 伪造答复统计检查查询书

137. 对上述违法行为承担责任的主体不是(　　)。

A. 该单位

B. 该单位负责统计的人员

C. 该单位的法人代表

D. 该单位主管统计工作的领导

138. 如果由该单位承担责任,该责任属于(　　)。

A. 行政处分　　B. 行政处罚

C. 民事责任　　D. 刑事责任

139. 如果由该单位负责统计的人员承担责任,该责任属于(　　)。

A. 行政处分

B. 行政处罚

C. 民事责任

D. 行政责任

140. 对上述违法行为承担责任的主体可以通过(　　)保护自己的权益。

A. 提起行政复议

B. 提起行政诉讼

C. 提起行政仲裁

D. 提起申诉

(二十九)某工业企业 2021 年有关资料如下:2021 年全年主营业务收入 200 万元;一、二季度从业人员平均人数均为 50 人,三季度平均人数 80 人,四季度平均人数 60 人;发放从业人员计时、计件工资 120 万元,奖金、津贴 30 万元;福利费支出 3 万元。

根据上述资料回答下列问题。

141. 该企业 2021 年从业人员月平均人数是(　　)人。

A. 50　　B. 60

C. 70　　D. 80

142. 根据现行国家统计报表制度规定,对该类企业进行调查采用的方法是(　　)。

A. 全面调查　　B. 抽样调查

C. 重点调查　　D. 典型调查

143. 该企业 2021 年从业人员平均工资是(　　)万元。

A. 2.4　　B. 2.5

C. 2.55　　D. 3

144. 关于平均工资和平均实际工资，下列表述正确的是(　　)。

A. 平均实际工资 = 报告期平均工资 ÷ 报告期城市居民消费价格指数

B. 平均实际工资 = 报告期平均工资 ÷ 报告期居民消费价格指数

C. 平均实际工资与平均工资成正比，与城市居民消费价格指数成反比

D. 平均工资与平均实际工资成反比，与城市居民消费价格指数成正比

145. 工资总额包括(　　)。

A. 计时、计件工资

B. 奖金、津贴和补贴

C. 福利费支出

D. 劳动保护支出

(三十)2018 年，某县一农村住户调查资料如下：小李夫妇与 2 个子女一起生活，女儿 8 岁，儿子 5 岁；小李父母均超过 65 岁，两人在邻村生活；夫妇经营一家面粉加工厂，去年经营收入 20 万元，经营费用支出 10 万元，生产税支出 0.4 万元，生产性固定资产折旧 0.6 万元，给父母赡养费 1.2 万元。

请根据以上材料回答下列问题。

146. 该住户家庭成员人数是(　　)人。

A. 2　　B. 3

C. 4　　D. 6

147. 该住户家庭的可支配收入是(　　)万元。

A. 9　　B. 8.8

C. 10　　D. 7.8

148. 该住户家庭的经营净收入是(　　)万元。

A. 7.8　　B. 9

C. 9.6　　D. 10

149. 在住户调查中，计入家庭可支配收入的有(　　)。

A. 工资性收入

B. 生产税

C. 政策性生产补贴

D. 赡养收入

150. 关于住户调查，下列说法正确的有(　　)。

A. 住户成员间一定有亲属关系

B. 常住成员是住户收支的调查对象

C. 住户调查采用抽样调查方法

D. 抽中调查小区内的住户样本5年轮换一次

(三十一)某地区三种农副产品的收购资料如下表所示。

三种农副产品的收购资料

产品	收购量(千克)		收购价格(元)	
	5月	6月	5月	6月
甲	200	500	55	65
乙	300	600	65	80
丙	400	300	85	80

请根据上述资料回答下列问题。

151. 收购量与收购价格,(   )。

A. 前者为定性变量,后者为数值变量

B. 前者为数值变量,后者为定性变量

C. 两者均为定性变量

D. 两者均为数值变量

152. 反映收购量与收购价格之间的关系,适宜的图形是(   )。

A. 饼图　　B. 散点图

C. 环形图　　D. 条形图

153. 拉氏指数与派氏指数(   )。

A. 前者要求权数固定在报告期

B. 后者要求权数固定在基期

C. 前者要求每期更换权数

D. 后者要求每期更换权数

154. 收购价格指数(   )。

A. 是数量指数

B. 是质量指数

C. 采用派氏指数公式计算：$\bar{k}_p = \frac{\sum p_1 q_0}{\sum p_0 q_0} \times 100 = \frac{65 \times 200 + 80 \times 300 + 80 \times 400}{55 \times 200 + 65 \times 300 + 85 \times 400} \times 100$

D. 采用派氏指数公式计算：$\bar{k}_p = \frac{\sum p_1 q_1}{\sum p_0 q_1} \times 100 = \frac{65 \times 500 + 80 \times 600 + 80 \times 300}{55 \times 500 + 65 \times 600 + 85 \times 300} \times 100$

155. 收购量指数(   )。

A. 是数量指数

B. 是质量指数

C. 采用拉氏指数公式计算：$\bar{k}_q = \frac{\sum q_1p_0}{\sum q_0p_0} \times 100 = \frac{500 \times 55 + 600 \times 65 + 300 \times 85}{200 \times 55 + 300 \times 65 + 400 \times 85} \times 100$

D. 采用拉氏指数公式计算：$\bar{k}_q = \frac{\sum q_1p_1}{\sum q_0p_1} \times 100 = \frac{500 \times 65 + 600 \times 80 + 300 \times 80}{200 \times 65 + 300 \times 80 + 400 \times 80} \times 100$

（三十二）某城市第七次全国人口普查数据显示：2020 年 11 月 1 日零时常住人口为 150 万人。按性别构成分，男性人口为 78.6 万人，女性人口为 71.4 万人；按年龄构成分，0－14 岁人口为 15.6 万人，15－59 岁人口为 112 万人，60 岁及以上人口为 22.4 万人，其中 65 岁及以上人口为 14.6 万人；按居住地分，居住在城镇的人口为 122.7 万人，居住在乡村的人口为 27.3 万人。

请根据上述资料回答下列问题。

156. 该城市的人口性别比为（　　）。

A. 47.6%　　B. 52.4%　　C. 90.8%　　D. 110%

157. 该城市的老年抚养比为（　　）。

A. 12.2%　　B. 13.0%　　C. 16.7%　　D. 20.0%

158. 该城市的城镇人口比重为（　　）。

A. 18.2%　　B. 22.2%　　C. 81.8%　　D. 449.5%

159. 下列各项中，属于人口普查对象的有（　　）。

A. 居住国内的中国公民

B. 旅居国外的中国公民

C. 定居国外的中国公民

D. 来自国外的短期访问学者

160. 关于第七次全国人口普查，下列说法正确的有（　　）。

A. 普查登记必须由普查员入户询问，当场填报

B. 采取全面调查的方法

C. 以户为单位进行登记

D. 按常住地登记

（三十三）2021 年某地通过住户调查，获得一居民家庭资料如下：夫妇有一个 3 岁小孩，并请一个不住家保姆照顾孩子，夫妇一年工资性收入 18 万元，一年付给保姆 4.8 万元，另外自有住房一套，自有住房折算净租金一年 2.4 万元。

请根据上述资料回答下列问题。

161. 该调查户人口数是（　　）人。

A. 3　　B. 4　　C. 2　　D. 5

162. 该调查户 2021 年可支配收入（　　）万元。

A. 18　　B. 15.6

C. 20.4　　　　　　　　　　　　　　　　　　　D. 25.2

163. 关于住户调查下列表述正确的是(　　)。

A. 住户调查以住户为调查对象

B. 住户调查采用分层多阶段随机抽样方法

C. 住户调查属于部门统计调查项目

D. 住户调查由国家统计局和地方统计局分别领导

164. 以下各项中属于可支配收入的有(　　)。

A. 工资

B. 转移净收入

C. 生产补贴

D. 生产性固定资产折旧

165. 关于住户调查以下说法正确的是(　　)。

A. 住户成员及劳动力从业情况使用问卷调查方式采集

B. 国家统计局直接汇总计算出全国居民的主要收支数据

C. 城乡住户调查分别独立实施

D. 基础数据主要使用记账方式采集

参考答案及解析

单项选择题

1. B 【解析】由于普查涉及面广，调查单位多，工作量大，组织工作复杂，所以需要耗费大量的人力、物力和财力，一般每隔10年或5年进行一次。普查所获得的资料全面，可以掌握全部调查对象的相关情况，准确性高，能为抽样调查或其他调查提供基本依据。

2. D 【解析】分层抽样法，又称类型抽样法，是将总体单位按其属性特征分成若干类型或层，然后在每一类型或层中相互独立地随机抽取样本单位，各层中抽取的样本构成总体样本。

3. C 【解析】统计法的专业性是指统计法律制度中包含着大量关于统计工作的技术性规范，如统计调查制度、统计标准等，这些规范是统计法律制度的重要组成部分。

4. D 【解析】统计法有广义和狭义之分。狭义的统计法仅指《中华人民共和国统计法》。广义的统计法是指统计法律制度，包括统计法律、统计行政法规、统计地方性法规、统计规章和统计规范性文件。

5. D 【解析】现行国家建筑业统计调查制度规定，对有建筑业资质的所有独立核算建筑业企业法人单位，实行季度全面调查；对于资质外建筑业小微企业采用抽样调查；建筑业产业活动单位、个体户一般在经济普查年度进行普查。

6. B 【解析】行政记录是指政府行政部门为实现管理、控制和服务等目的，如办证、登记、检查、保险、培训、税收、付费和罚款等，而收集并保存的关于自然人或其他社会实体的相关信息。行政记录的目的不是统计，但行政记录可以为统计提供信息。

7. D 【解析】根据组织统计调查的机构不同，统计调查项目分为国家统计调查项目、部门统计调查项目、地方统计调查项目三类。

8. B 【解析】普查的特点：①它是一种全面调查，具有资料包括范围全面、详尽、系统的优点；②它是一次性的专门调查，准确性和标准化程度较高。因工作量大，普查时间周期较长、耗资也较多，一般不宜经常举行。

9. B 【解析】统计法作为规范统计活动的法律制度，与其他法律制度相比，具有以下两个特点：①调整对象具有特殊性和复杂性；②规范的内容具有专业性。

10. A 【解析】统计同时具有信息、咨询和监督三大职能，这三个职能是相互作用、相互促进、相辅相成和密切联系的。

11. A 【解析】在查处统计违法案件中，事实清楚、证据确凿、定性准确、处理恰当、适用法律正确、符合法律程序，这六个基本要求相辅相成、相互联系、缺一不可。其中，事实清楚是定性处理的基础，证据确凿是认定案件事实的依据，定性准确是正确处理的关键，处理恰当是办案的结果和目的，适用法律正确、符合法定程序是处理恰当的前提保证。

12. B 【解析】统计指数有个体指数和综合指数、数量指数和质量指数。表明某单一要素构成现象变动的相对数称为个体指数。

13. D 【解析】《行政处罚法》第六十三条规定,行政机关拟作出下列行政处罚决定,应当告知当事人有要求听证的权利,当事人要求听证的,行政机关应当组织听证:①较大数额罚款;②没收较大数额违法所得、没收较大价值非法财物;③降低资质等级、吊销许可证件;④责令停产停业、责令关闭、限制从业;⑤其他较重的行政处罚;⑥法律、法规、规章规定的其他情形。当事人不承担行政机关组织听证的费用。

14. A 【解析】统计行政诉讼,是指公民、法人或其他组织认为县级以上人民政府统计机构的具体行政行为侵犯其合法权益,依法向人民法院提起诉讼,由人民法院进行审理并作出裁判的活动。统计行政诉讼是在人民法院的主持下进行的,是一种司法审查制度,是司法行为,与统计行政复议有本质上的不同。

15. B 【解析】根据《行政诉讼法》的规定,对国家统计局作出的具体行政行为不服,或者对国家统计局作出的具体行政行为不服且经过行政复议后仍不服的,由国家统计局所在地的中级人民法院审理第一审统计行政诉讼案件。

16. B 【解析】《行政诉讼法》第九十七条规定,公民、法人或者其他组织对行政行为在法定期限内不提起诉讼又不履行的,行政机关可以申请人民法院强制执行,或者依法强制执行。

17. C 【解析】统计设计环节主要指对统计指标、标准、方法、调查单位库、报表、工作流程和生产系统的设计。它包括设计指标体系、建立元数据标准、设计统计报表制度、编制审核规则、制定技术标准和工作流程。

18. D 【解析】建筑业总产值指以货币表现的建筑业企业在一定时期内生产的建筑业产品和服务的总和。它包括建筑工程产值、安装工程产值、其他产值三部分内容。其中,其他产值包括房屋构筑物修理产值、非标准设备制造产值、总包企业向分包企业收取的管理费以及不能明确划分的施工活动所完成的产值,所以该地区建筑业总产值 = 90 + 20 + 10 = 120(亿元)。

19. D 【解析】面访,是调查者与被调查者通过面对面地交谈,从而得到所需数据的数据搜集方法。在此题中,调查对象为贫困山区居民,电话调查以及邮寄调查都难以进行,因此最合理的应该是面访调查。

20. A 【解析】软件和信息技术服务业微型企业的划分标准是从业人员小于10人或营业收入小于50万元。

21. D 【解析】观测数据是对客观现象进行实地观测所取得的数据,在数据取得的过程中一般没有人为的控制和条件约束。D项进行了人为控制,属于实验数据。

22. D 【解析】众数,是指一组数据中出现次数或出现频率最多的数值,它是一种位置平均数,不受极端变量值的影响。众数主要用于测度分类数据的集中趋势,也可以用来测度顺序数据和数值型数据的集中趋势。本题中未告知数据的众数,无法判断数据波峰的个数与位置,因此无法确定分布性状。

23. B 【解析】根据法律规范效力的不同,我国现行的统计法律规范主要包括以下五种形式:统计法律、统计行政法规、统计地方性法规、统计行政规章和统计规范性文件。

24. B 【解析】政府和为住户服务的非营利性单位,如公共管理和社会组织等,其经费支出主要来源于国家财政和其他赞助,或虽然有部分营业收入,但无法弥补自身经营活动成本。这类单位的总产出一般按业务活动支出计算,即等于经常性支出加固定资产折旧。

25. C 【解析】劳动者报酬指劳动者从事生产活动所应得的全部报酬。主要包括工资、奖金、津贴和补贴,单位为其员工交纳的社会保险费、补充社会保险费和住房公积金、行政事业单位职工的离退休金、单位为其员工提供的雇员股票期权及其他各种形式的报酬和福利等。不包括单位支付的社会福利,如对子女配偶或家庭的补助,教育补助或其他与被赡养人有关的补助,向因疾病、意外伤害、生育等原因而缺勤的职工支付的工资,向因裁员、失去工作能力、意外死亡等原因而失去工作的职工或其遗属进行的支付等。

26. C 【解析】资产负债表的交易主体包含的机构部门有:非金融企业部门、金融机构部门、广义政府部门、住户部门、为住户服务的非营利机构、国外部门。

27. D 【解析】国民经济核算中的资产是根据所有权的原则界定的经济资产,资产必须为某个或某些单位所拥有,其所有者因持有或使用它们而获得经济利益。AB 项,大气和公海不为某个或某些单位拥有,不属于资产;C 项,家庭用轿车的所有者不因持有或使用它而获得经济利益,不属于资产。

28. A 【解析】异众比率是指非众数组的频数占总频数的比率。本题中异众比率为(1 000 - 663)/1 000 =33.7%。

29. B 【解析】在正态总体的假定下,在大样本($n \geqslant 30$)的情况下,当总体方差未知时,总体均值μ在$1-a$置信水平下的置信区间为$(\bar{x}-Z_{\alpha/2}\frac{s}{\sqrt{n}},\bar{x}+Z_{\alpha/2}\frac{s}{\sqrt{n}})$。将数据代入公式可得此类客户平均定期存款95%的置信区间为$(23-1.96\times\frac{12}{\sqrt{36}},23+1.96\times\frac{12}{\sqrt{36}})$。

30. B 【解析】在重复抽样条件下,样本均值的标准误差为:$\sigma_{\bar{x}}=\frac{s}{\sqrt{n}}$。当样本容量越大时,样本均值的标准误差越小。因为从一个拥有五千万人口的地区抽取1‰人口的样本容量大于从一个拥有五百万人口的地区抽取1‰人口的样本容量,所以前者的标准误差小于后者的标准误差。

31. A 【解析】《国民经济行业分类》(GB/T 4754 - 2017)共分 20 个门类、97 个大类、473 个中类、1 382 个小类。

32. A 【解析】法人单位是指有权拥有资产、承担负债,并独立从事社会经济活动或与其他单位进行交易的组织。法人单位应同时具备三个条件:①依法成立,有自己的名称、组织机构和场所,能够独立承担民事责任;②独立拥有(或授权使用)资产或者经费,承担负债,有权与其他单位签订合同;③具有包括资产负债表在内的账户,或者能够根据需要编制账户。

33. A 【解析】如果两个样本是非独立的匹配样本,即两个样本中的数据是一一对应的,这时对两个总体的均值的比较,就是对两个样本对应数据之差的检验。如果两个总体都服从正态分布,则可构造 t 检验统计量,所以选择 A 项。

34. D 【解析】进口货物按到岸价格(CIF)统计,出口货物按离岸价格(FOB)统计。到岸价格包括货价和货物运抵中国关境内输入地点起卸前的包装费、运费、保险费和其他劳务费等费用。离岸价格不包括货物离开中国关境后运费、保险费和其他费用。

35. B 【解析】工业企业能源消费:①用于本企业产品生产、工业性作业和其他生产性活动的能源;②用于技术更新改造措施、新技术研究和新产品试制以及科学试验等方面的能源;③用于经营维修、建筑及设备大修理、机电设备和交通运输工具等方面的能源;④用于劳动保护的能源;⑤生产交通运输工具的企业(如造船厂、汽车制造厂),向成品轮船、汽车中添加动力用油,应算作企业的能源消费,但不作为工业生产消费,应作为非工业生产消费和交通运输工具消费;⑥其他非生产消费的能源。工业企业能源消费不包括以下几个方面:①由仓库发到车间,但在报告期最后一天没有消费的能源;②拨到外单位,委托外单位加工用的能源;③调出本单位或借给外单位的能源。

36. C 【解析】对总体平均数的假设检验可分为双侧检验和单侧检验,单侧检验又分为左侧检验和右侧检验。拒绝区域在样本平均数分布的两端的检验是双侧检验,适用于观察在规定的显著性水平下所抽取的样本统计量是否显著地高于或低于假设的总体参数的情况。因此,要检验食品包装机实际运行状况是否符合设计要求,只需检验样本平均数是否等于 500,即采用双侧检验。

37. C 【解析】固定资产投资是指建造和购置固定资产的经济活动,即固定资产再生产活动(建造和购置的不作为固定资产管理的生物资产(如养殖场、林场)和设施等同固定资产投资活动)。凡属于大修理、养护、维护性质的工程(如设备大修、建筑物的翻修和加固、农田水利工程和堤防、水库的岁修、铁路大修等)都不作为固定资产投资管理。

38. C 【解析】《统计法》第二十九条规定,县级以上人民政府统计机构和有关部门统计调查取得的统计资料,除依法应当保密的外,应当及时公开,供社会公众查询。第二十六条、第二十七条规定,县级以上人民政府统计机构按照国家有关规定,定期公布统计资料。县级以上人民政府有关部门统计调查取得的统计资料,由本部门按照国家有关规定公布。

39. A 【解析】流动资产指企业可以在一年内或者超过一年的一个营业周期内变现或耗用的资产,主要包括货币资金、交易性金融资产、应收票据、应收账款、预付款项、其他应收款、存货等。

40. A 【解析】相关系数是测定变量之间关系密切程度的量,它能够以数字准确地描述变量之间的相关程度。当相关系数的绝对值≥80%时,可以视为高度相关,故 A 项正确。BCD 三项都是对概念的误解,相关系数与样本比例没有必然的关系。

41. D 【解析】货币金融服务企业总产出等于间接计算的金融中介服务(FISIM)产出加上直接收费的金融服务产出。

42. B 【解析】常住成员是住户收支的调查对象。常住成员指住户成员中,经常在家居住或者调查期内居住时间超过一半的人员,以及本住户供养的学生。

43. D 【解析】线性变换不改变两个变量之间的相关关系。

44. B 【解析】推断统计是研究如何利用样本数据来推断总体特征的统计学方法,内容包括参数估计和假设检验两大类。描述统计是研究数据搜集、处理、描述及可视化的统计学方法,内容包括如何取得研究所需要的数据,如何用图表形式对数据进行处理和展示,如何通过对数据的综合、概括与分析,得出所关心的数据特征。

45. A 【解析】运用实验法获取数据时要注意:①实验组和对照组的产生应当是随机的;②实验组和对照组还应当是匹配的。

46. D 【解析】整群抽样是将一组被调查者视为一个抽样单位,每次抽取时抽出来的是一组(群),而不是一个个体单位。

47. C 【解析】典型调查是一种非全面的专门调查,它是根据调查的目的与要求,在对被调查对象进行全面分析的基础上,有意识地选择若干具有典型意义的或有代表性的被调查对象进行的调查。

48. B 【解析】当 $x=10$ 时,y 的拟合值为 31,故残差 = 实际值 − 拟合值 = −3。

49. A 【解析】支出法 GDP 核算中货物和服务净出口来自国际收支平衡表经常账户中货物和服务的贷方与借方数据之差额。

50. B 【解析】工业产品库存量是指工业企业在期初、期末时点上,尚存在企业产成品仓库中而暂未售出的产品的实物数量。产品库存量包括的内容:①本企业生产的,报告期内经检验合格入库的产品;②库存产品虽有销售对象,但尚未发货的;③非工业企业和境外订货者来料加工产品尚未拨出的;④盘点中的账外产品;⑤产品入库后发现有质量问题,但未办理退库手续的产品。产品库存量不应包括的内容:①属于提货制销售的产品,已办理货款结算和开出提货单,但用户尚未提走的产品;②代外单位保管的产品;③已结束生产过程但尚未办理入库手续的产品。

51. A 【解析】现行国家建筑业统计报表制度规定:建筑业企业按照法人单位注册地原则进行统计。建筑业产业活动单位、建筑业个体经营户按照营业执照登记地进行统计。

52. C 【解析】能源计量是能源统计的技术基础。能源统计建立在能源计量记录的基础之上,没有能源计量就没有能源统计,只有做好能源计量,才能做好能源原始记录、统计台账,进行统计汇总和统计分析。

53. A 【解析】《统计法》第二十六条规定,县级以上人民政府统计机构按照国家有关规定,定期公布统计资料。国家统计数据以国家统计局公布的数据为准。第二十七条规定,县级以上人民政府有关部门统计调查取得的统计资料,由本部门按照国家有关规定公布。

54. B 【解析】由已知资料可计算两者的离散系数分别为:$v_{甲}=\sigma/x=45/1\ 000=0.045$;$v_{乙}=\sigma/x=49/1\ 250=0.039\ 2$,计算结果表明,甲村的平均亩产量的离散系数大于乙村的平均亩产量的离散系数,说明乙村的平均亩产量有较大的代表性。

55. D 【解析】累计折旧指企业在报告期末提取的历年固定资产折旧累计数。根据会计

“累计折旧”科目的期末贷方余额填报。

56. B 【解析】工资福利支出指单位开支的在职职工和编制外长期聘用人员的各类劳动报酬,以及为上述人员缴纳的各项社会保险费等。ACD 三项,离休费、退休费、住房公积金属于对个人和家庭的补助。

57. D 【解析】抽样调查的允许误差指参数估计值与实际值间的差异绝对值,题中所估计的参数为比例,因此,允许误差指样本比例与总体比例之间的差异的绝对值,D 项为正确答案。

58. C 【解析】固定资产交付使用率,又称固定资产动用系数,是指一定时期新增固定资产与同期完成投资额的比率。该地区 3 月固定资产动用系数 =80 : 100 =0.8。

59. A 【解析】一般情况下,消费支出会随着居民收入的增加而增加,因此回归系数应为正数,只有 A 项可能正确。

60. C 【解析】通过公共网络实现的客房收入指企业(单位)通过公共网络交易平台取得订单实现的客房收入(含增值税),付款可以在网上进行,也可以在网下进行。公共网络包括计算机互联网、移动互联网等。

61. B 【解析】R^2越接近于 1,表明回归平方和占总平方和的比重越大,回归直线与各观测点越接近,回归直线的拟合程度就越好。反之,R^2越接近于 0,回归直线的拟合程度越差。由此可知,B 项的回归方程拟合程度最好。

62. D 【解析】《统计法》在 2009 年修订时突出了诚信统计原则,明确规定统计调查中获得的能够识别或者推断单个统计调查对象身份的资料,任何单位和个人不得对外提供、泄露,不得用于统计以外的目的。

63. C 【解析】服务进出口总额是以货币表示的一定时期内一国或地区常住单位与非常住单位之间相互提供服务的总金额。常住单位向非常住单位提供服务称为服务出口,常住单位从非常住单位获得服务称为服务进口。

64. C 【解析】统计法是用来规范统计活动的,是统计实践的系统总结和制度规定,其整个立法过程和内容都贯穿着统一性的原则。国家建立集中统一的统计系统,实行统一领导、分级负责的统计管理体制,国家制定统一的统计标准,县级以上人民政府统计机构按照国家有关规定,定期公布统计资料等等,都是统一性的具体体现。

65. D 【解析】汇率统计主要包括三类指标,即年平均汇率、时点平均汇率和汇率指数。这些指标可以从不同角度反映汇率水平和变动情况。

66. B 【解析】指数按其所表明的经济指标性质的不同,分为数量指数和质量指数:前者也称物量指数,是表明总体单位数量、规模等数量变动的相对数,如产量指数、销售量指数、职工人数指数等即为数量指数;后者是表明总体单位水平、工作质量等质量变动的相对数,如价格指数、单位成本指数、劳动生产率指数等即为质量指数。

67. A 【解析】指数按其反映对象范围的不同,分为个体指数和综合指数。当指数表明某单一要素构成现象变动的相对数时,称为个体指数,如某一种产品或商品的价格相对变动水平就是个体指数;表明多种要素构成现象的综合变动的相对数时,称为综合指数,如多种不同的产品或商品的价格综合变动水平就是综合指数。BCD 项属于综合指数。

68. B 【解析】《统计法》与其他法律制度相比,其调整对象具有特殊性和复杂性。①《统计法》是以统计活动过程中所形成的社会关系为其调整对象;②《统计法》所调整的社会关系既有纵向的管理关系,也有横向的指导关系;既有统计机构内部的管理关系,也有统计机构对调查对象的管理关系,还有对属于民间统计调查的涉外调查的管理关系。

69. D 【解析】《统计法》规定:①国家统计标准由国家统计局制定,或者由国家统计局和国务院标准化管理部门共同制定;②国务院有关部门可以制定补充性的部门统计标准,报国家统计局审批。

70. B 【解析】《统计法》规定了政府统计活动的组织实施机关及其工作人员以及国家机关、企业事业单位和其他组织、个体工商户、个人等统计调查对象在统计活动中所形成的社会关系,包括统计人员的职权、职责,统计调查对象的权利、义务,违法不履行职责、义务应承担的法律责任等。

71. B 【解析】联合国统计委员会通过的《官方统计基本原则》规定,为了保持对官方统计的信任,统计机构应基于严格的专业考虑,包括科学原则和职业道德,确定统计数据的收集、处理、储存和公布方法和程序。

72. D 【解析】必要样本容量主要受下列因素的影响:总体标准差、最大允许误差、置信度 $1-\alpha$、抽样方式。

73. C 【解析】行政法规是国家最高行政机关国务院制定的有关国家行政管理的规范性法律文件的总称。《关于工资总额组成的规定》是由国务院于 1989 年制定的统计行政法规。

74. B 【解析】定基增长速度用于表示现象在较长时期内总的增长程度,计算公式:定基增长速度=累计增长量/基期发展水平。累计增长量逐年增加,基期水平固定不变,所以定基增长速度逐年上升。

75. D 【解析】在我国有权制定统计法律制度的包括全国人大及其常委会、国务院及其有关部门、具有立法权的地方人大及其常委会、具有立法权的地方政府及其有关部门。

76. D 【解析】国家统计局统一组织领导和协调全国统计工作。国家统计局派出的调查队是国家统计局的派出机构,国家统计局对各级调查队实行垂直管理。

77. B 【解析】《统计执法监督检查办法》第三十五条规定,县级以上人民政府统计机构作出对法人或者其他组织 5 万元以上罚款,对个体工商户作出 2 000 元以上罚款的行政处罚决定前,应当告知处罚对象有要求举行听证的权利。处罚对象要求听证的,作出处罚决定的统计机构应当依法组织听证。

78. B 【解析】季节变动是序列表现出与季节变化相关的稳定的周期变化,即每年相同季节都会有相同幅度和方向的变化趋势。季节的周期一般是一年,因此只有当时间序列的数据是按周、月或季等小于一年的时间间隔记录时,才可以体现出季节变动,年度时间序列数据无法包含季节变动。

79. A 【解析】《统计法》第十四条规定,国家统计调查项目由国家统计局制定,或者由国家统计局和国务院有关部门共同制定,报国务院备案;重大的国家统计调查项目报国务院审批。部门统计调查项目由国务院有关部门制定。统计调查对象属于本部门管辖系统的,报国家统计局备案;统计调查对象超出本部门管辖系统的,报国家统计局审批。地方统计调查项目由县级以上地方人民政府统计机构和有关部门分别制定或者共同制定。其中,由省级人民政府统计机构单独制定或者和有关部门共同制定的,报国家统计局审批;由省级以下人民政府统计机构单独制定或者和有关部门共同制定的,报省级人民政府统计机构审批;由县级以上地方人民政府有关部门制定的,报本级人民政府统计机构审批。

80. D 【解析】统计执法监督检查具有主动性。统计执法监督检查,不仅要对已经发生的统计违法行为进行严肃查处,还要主动做好防患于未然的工作,通过开展"双随机"抽查,查找违法隐患,纠正违法行为,提高全社会的统计法律意识,预防、减少各种统计违法行为的发生。

81. C 【解析】α 取值接近于 1 时,近期数据作用最大,各期历史数据的作用迅速衰减。

82. B 【解析】制定统计法,根本目的就是要保障统计资料的真实性、准确性、完整性和及时性,这也是统计工作的根本要求。

83. D 【解析】统计行政诉讼,是指公民、法人或其他组织认为县级以上人民政府统计机构的具体行政行为侵犯其合法权益,依法向人民法院提起诉讼,由人民法院进行审理并作出裁判的活动。统计行政诉讼是在人民法院的主持下进行的。统计行政诉讼是一种司法审查制度,是司法行为,与统计行政复议有本质上的不同。

84. C 【解析】统计行政复议是行政机关的活动。统计行政复议机关只能是具有行政职权的行政机关,而不能由立法机关和司法机关行使行政复议的职权。在我国,统计行政复议机关为上一级人民政府统计机构或者本级人民政府。

85. A 【解析】统计有信息、咨询和监督三大职能,彼此是相互作用、相互促进、相辅相成和密切联系的。其中,A 项,信息职能是统计最基本的职能,是保证咨询和监督职能得以有效发挥的前提。

86. A 【解析】简单随机抽样是从包括总体每个单位的抽样框中随机地、一个一个地抽取 n 个单位作为样本,每个单位入样的概率相等。简单随机抽样是最基本的形式,是其他抽样方法的基础。

87. A 【解析】经济普查对象是在中华人民共和国境内从事第二产业、第三产业活动的全部法人单位、产业活动单位和个体经营户。农林牧渔专业及辅助性活动属于农业普查的行业范围。

88. B 【解析】我国从省、地、县、乡一直到居委会和村委会都有统一的代码,一共由 12 位数字组成,分为三段。代码的第一段为 6 位数字,表示县及县以上的行政区划;第二段为 3 位数字,表示街道、镇和乡;第三段为 3 位数字,表示居民委员会和村民委员会。

89. A 【解析】把调查提纲中的各个调查指标或问题按照一定的顺序排列在一定的表格中,就构成了调查表。失业率不属于就业调查需要考虑的范围之内。

90. B 【解析】调查表是指统计调查过程中采用的统一规范的格式文件。它需要解决两个方面的问题:①向用户提供什么产品;②向调查单位调查什么指标。ACD 项应包括在人口变动调查表中。

91. B 【解析】在使用移动平均法时,移动平均后的序列项数较原序列减少,当 k 为奇数时,新序列首尾各减少 $(k-1)/2$ 项;当 k 为偶数时,首尾各减少 $k/2$ 项。本题中 $k=5$。

92. A 【解析】目前,国际上的统计管理体制有两种基本形式:①集中型,是指中央一级的统计工作基本上集中在国家统计机构进行,其他主管部门一般不负责统计工作,国家统计机构对全国的统计工作实行集中统一的领导;②分散型,是指中央一级的统计工作分散在各主管部门进行,各主管部门为实施管理所需的统计资料基本上由其所属的统计机构提供。

93. C 【解析】质量指数是表明总体单位水平、工作质量等质量变动的相对数,如价格指数、单位成本指数、劳动生产率指数等即为质量指数。CPI 是综合反映各种消费品和服务项目价格变动程度的综合价格指数,属于质量指数的范畴。

94. A 【解析】二次能源是指为了满足生产工艺和生活的特定需要以及合理利用能源,将一次能源经加工转换产生的其它种类和形式的人工能源,如由原煤加工产出的洗煤;由煤炭加工转换产出的焦炭、煤气;由原油加工产出的汽油、煤油、柴油、燃料油、液化石油气、炼厂干气等;由煤炭、石油、天然气转换产出的电力。A 项,天然气属于一次能源。

95. D 【解析】统计资料的审核、签署人员应当对其审核、签署的统计资料的真实性、准确性和完整性负责;统计人员应当坚持实事求是,恪守职业道德,对其负责搜集、审核、录入的统计资料与统计调查对象报送的统计资料的一致性负责。

96. B 【解析】货币购买力指数 = 1/居民消费价格指数,代入本题数据计算可得货币购买力指数为 1/1.05 = 95.24%。

97. C 【解析】固定资产是指为生产商品、提供劳务、出租、经营或者管理而持有的,使用寿命超过一个会计年度的房屋及建筑物、机器、机械、运输工具以及其他与生产、经营、管理有关的设备、器具、工具等有形资产。C 项,土地使用权属于无形资产。

98. B 【解析】数据差异程度一般采用离散系数进行度量,离散系数越大,数据的差异程度越大,其计算公式为:离散系数 = 标准差/均值。在两家公司标准差相同的情况下,由于 B 公司均值大于 A 公司,所以 B 公司离散系数小于 A 公司,即 B 公司的收入差异程度小于 A 公司。

99. C 【解析】众数,是指一组数据中出现次数或出现频率最多的数值,它是一种位置平均数,不受极端变量值的影响。众数主要用于测度分类数据的集中趋势,也可以用来测度顺序数据和数值型数据的集中趋势。

100. A 【解析】一次能源是指自然界中以原有形式存在,不经任何加工或转换的天然能源资源,即从自然界直接取得并不改变其形态和品质的能源,包括原煤、原油、油页岩、天然气、核燃料、植物燃料、水能、风能、太阳能、地热能、海洋能、潮汐能等。A 项属于二次能源。

101. B 【解析】条形图也叫柱形图,是用宽度相同的条形高度或长短来表示数据变动的图形,用于观察不同类别数据的多少或分布情况,有单式条形图和复式条形图等形式。绘制条形图时,各类别可以放在纵轴,也可以放在横轴。

102. B 【解析】对顺序数据集中趋势方法就是计算百分比、中位数和众数。众数就是数据中出现次数或出现频率最多的数值。平均数的使用场合很多,但其主要缺点是更容易受少数极端数值的影响。中位数和众数提供的信息不像平均数那样多,但它们也有优点,比如不受极端值的影响,具有统计上的稳健性。

103. B 【解析】在大样本条件下,根据中心极限定理,若 $np \geqslant 5$, $n(1-p) \geqslant 5$,则二项分布可用正态分布近似。A 项, $np=8$, $n(1-p)=2<5$,不符合;B 项, $np=29.75$, $n(1-p)=5.25$,符合;C 项, $np=11.25$, $n(1-p)=3.75<5$,不符合;D 项, $np=18$, $n(1-p)=2<5$,不符合。

104. A 【解析】设 E 代表允许的估计误差(即最大允许误差),可以推导出不重复抽样条件下必要样本容量的计算公式如下: $n=\frac{(z_{\alpha/2})^2\sigma^2}{E^2}$。此题中,将所有数据代入可得 $n=(1.96^2 \times 6^2)/2^2$。

105. B 【解析】环比发展速度是指报告期水平与前一期水平之比,所以计算环比发展速度必须给出报告期和前一期水平,时间序列中第 1 项没有对应的前一期水平,不可以计算环比发展速度,第 2 项到第 11 项均给出了报告期和前一期的水平,所以可以计算 10 个。

106. A 【解析】《中国统计年鉴》中我国历年的 GDP 数据是通过将调查数据进行加工和汇总后公布的数据,属于次级数据,即第二手间接的统计数据。

107. D 【解析】在调查过程中,调查员依据方便的原则,自行确定入抽样本,没有完全按照随机原则选取样本单位,该种抽样方式是方便抽样,属于非概率抽样。

108. B 【解析】从调查时间来看,本次调查不是定期展开的经常性调查,是一次性的;从调查范围来看,对义乌市 10 000 家小微企业进行调查,而不是义乌市所有小微企业,属于非全面调查。综上,本次调查属于一次性非全面调查。

109. C 【解析】《统计法》第七条规定,地方各级人民政府、县级以上人民政府统计机构和有关部门以及各单位的负责人,不得自行修改统计机构和统计人员依法搜集、整理的统计资料,不得以任何方式要求统计机构、统计人员及其他机构、人员伪造、篡改统计资料,不得明示、暗示下级单位及其人员或者统计调查对象填报虚假统计数据,不得对依法履行职责或者拒绝、抵制统计违法行为的单位和个人打击报复。《统计法》第三十二条规定,统计机构、统计人员应当依法履行职责,如实搜集、报送统计资料,不得伪造、篡改统计资料,不得以任何方式要求任何单位和个人提供不真实的统计资料,不得有其他违反本法规定的行为。

110. B 【解析】在统计各组频数时,为解决"不重"问题,恰好等于某一组的组限时,则采取上限不在内的原则,即将该频数计算在与下限相同的组内。

111. B 【解析】《统计法》第三十条第二款规定,国家统计局根据工作需要设立的派出调查机构,承担国家统计局布置的统计调查等任务。

112. B 【解析】非抽样误差是指除了抽样误差之外调查中因各种原因所引起的调查误差。非抽样误差分为抽样框误差、应答误差、无回答误差和计量误差等。

113. D 【解析】重点调查的主要特点:投入少、调查速度快、所反映的主要情况或基本趋势比较符合客观实际。重点调查的主要作用在于反映调查总体的主要情况或基本趋势,其通常用于不定期的一次性调查,但有时也用于经常性的连续调查。

114. D 【解析】样本量的计算公式为:$n=\frac{(z_{\alpha/2})^2\sigma^2}{E^2}$,其中$E$代表在给定的置信水平下允许的估计误差。可以看出,样本量与置信水平成正比,与总体方差成正比,与允许的估计误差的平方成反比。

115. B 【解析】多重判定系数是多元线性回归平方和占总平方和的比例。判定系数R^2度量了多元线性回归方程的拟合程度,它可以解释为在因变量Y的总变差中被估计的多元线性回归方程所解释的比例。R^2的平方根称为多重相关系数,也称为复相关系数,它度量了因变量同k个自变量的总体相关程度。

116. B 【解析】多元线性回归模型的检验中,复相关系数的取值范围是$0\leqslant R\leqslant 1$。

117. A 【解析】样本比例的方差可表示为:$\sigma^2 p=\frac{\pi(1-\pi)}{n}$。当总体比例$\pi$未知时,可用样本比例$p$代替,所以该样本比例的方差为$38\%(1-38\%)/100$。

118. C 【解析】《统计执法监督检查办法》由国家统计局制定,属于统计行政规章中的统计部门规章。统计部门规章还包括原监察部、人力资源社会保障部、国家统计局制定的《统计违法违纪行为处分规定》,国家统计局制定的《部门统计调查项目管理办法》《涉外调查管理办法》《统计调查证管理办法》《统计执法证管理办法》等。

119. C 【解析】在大样本条件下,根据中心极限定理,若$np>5$,$n(1-p)\geqslant 5$,则二项分布可用正态分布近似,即$p\sim N(\pi,\frac{\pi(1-\pi)}{N})$。

120. C 【解析】按基期销售额中相应比重对甲、乙两种商品的销售量增幅求加权平均,两种商品的加权平均销售量提高率为$10\%\times 40\%+20\%\times 60\%=16\%$。因此,两种商品的销售量综合指数为$1+16\%=116\%$。

121. A 【解析】产品产量指数$=1+13.6\%=113.6\%$,总成本指数$=1+12.9\%=112.9\%$,因为总成本指数=产品产量指数×单位产品成本指数,那么,产品单位成本指数=总成本指数/产品产量指数$=112.9\%/113.6\%\approx 99.38\%$,说明该厂2021年产品单位成本减少了$1-99.38\%=0.62\%$。

122. C 【解析】本题中$\sum p_1q_1-\sum p_0q_0=(\sum p_0q_1-\sum p_0q_0)+(\sum p_1q_1-\sum p_0q_1)=400-420=-20$,所以由于价格降低使销售额减少20元。

123. C 【解析】6 827名女生占总人数68.27%,根据正态分布的3σ原则,有68.27%的被调查者的身高在离总体均值左右1个标准差的范围里,则身高的可能范围为(160 − 5 × 1 cm, 160 + 5 × 1 cm),即(155 cm,165 cm)。

124. C 【解析】统计法的专业性是指统计法律制度中包含着大量关于统计工作的技术性规范,如统计调查制度、统计标准等,这些规范是统计法律制度的重要组成部分。

125. D 【解析】统计法规定了政府统计活动的组织实施机关及其工作人员以及国家机关、企业事业单位和其他组织、个体工商户、个人等统计调查对象在统计活动中所形成的社会关系。

126. B 【解析】《统计法》第三条规定,国家建立集中统一的统计系统,实行统一领导、分级负责的统计管理体制。

127. C 【解析】C 项属于分散型的统计管理体制的优点。

128. A 【解析】《统计法》第七条第一款规定,统计机构和统计人员依照本法规定独立行使统计调查、统计报告、统计监督的职权,不受侵犯。

129. C 【解析】《统计法》第二十九条规定,县级以上人民政府统计机构和有关部门统计调查取得的统计资料,除依法应当保密的外,应当及时公开,供社会公众查询。

130. C 【解析】《统计法》第十九条第三款规定,国务院有关部门可以制定补充性的部门统计标准,报国家统计局审批。部门统计标准不得与国家统计标准相抵触。

131. C 【解析】第十一条规定,统计机构和统计人员对在统计工作中知悉的国家秘密、工作秘密、商业秘密、个人隐私和个人信息,应当予以保密,不得泄露或者向他人非法提供。

132. D 【解析】《统计法》第五条第二款规定,国家有计划地加强统计信息化建设,推动现代信息技术与统计工作深度融合,促进统计信息搜集、处理、传输、共享、存储技术和统计数据库体系的现代化。

133. C 【解析】政府统计是由公共资源支撑的调查活动,获得的各类统计资料是现代社会重要的公共产品,必须取之于民、用之于民。为了使这一理念得到充分落实,统计法律制度中有许多条款体现了公共统计原则。例如《统计法》第二十九条规定,县级以上人民政府统计机构和有关部门统计调查取得的统计资料,除依法应当保密的外,应当及时公开,供社会公众查询。

134. D 【解析】准确性是统计工作的生命,因此对统计人员要特别强调在工作中要坚持实事求是,恪守职业道德。统计人员应当始终以实事求是的精神,以严格的职业道德标准认真做好本职工作,坚持原则,坚决抵制弄虚作假等统计违法行为,切实保证统计资料的真实性、准确性。

135. C 【解析】《统计法》第十六条规定,制定统计调查项目,应当同时制定该项目的统计调查制度,并依照《统计法》第十四条的规定一并报经审批或者备案。

136. C 【解析】《统计法》第十九条第一款规定,国家制定统一的统计标准,保障统计调查采用的指标涵义、计算方法、分类目录、调查表式和统计编码等的标准化。

137. D 【解析】涉外调查机构的名称、登记类型、法定代表人或者主要负责人、住所等发生变更的,应当向原颁发机关申请变更涉外调查许可证。涉外调查机构需要延续涉外调查许可证有效期的,应当在有效期届满 30 日前向原颁发机关提出申请。逾期未提出的,将不再延续涉外调查许可证的有效期。

138. B 【解析】联合国《统计组织手册》将独立性作为统计机构必须坚持的一系列基本价值观和原则的第一条。我国统计法律制度充分体现了独立统计这一原则。

139. C 【解析】《统计法》第四十二条规定,县级以上人民政府统计机构或者有关部门有下列行为之一的,对负有责任的领导人员和直接责任人员由任免机关或者监察机关依法给予处分:①违法公布统计资料的;②泄露或者向他人非法提供统计调查对象的商业秘密、个人隐私、个人信息的;③对外提供、泄露在统计调查中获得的能够识别或者推断单个统计调查对象身份的资料的;④违反国家有关规定,造成统计资料毁损、灭失的。统计人员有前款所列行为之一的,依法给予处分。

140. C 【解析】统计行政处罚的原则,主要包括以下三个基本原则:①统计行政处罚法定原则;②公正、公开的原则;③统计行政处罚与统计违法行为相适应的原则,即"过罚相当"的原则。

141. B 【解析】要坚持统计行政处罚公正、公开原则,除要求各级政府统计机构对被处罚者公平对待,一视同仁,建立完善的回避制度、听证制度、办案公开制度等相关制度外,最重要、最关键的是正确行使统计行政自由裁量权。

142. D 【解析】在统计法律规范中,都明确规定了与统计违法行为相适应的处罚种类,统计执法检查机关在实施统计行政处罚时,应严格按照统计法律规范的规定执行,既不能对轻微的统计违法行为给予很重的或者较重的统计行政处罚,也不能对社会危害相当大的统计违法行为给予较轻的统计行政处罚或者不予处罚,这体现了统计行政处罚与统计违法行为相适应的原则。

143. B 【解析】分级负责主要表现在以下几个方面:①地方各级统计机构设立、人员编制、干部管理由地方政府负责;②各级人民政府负责保障统计工作开展所需的条件;③各级统计机构对自己组织实施的统计调查活动负责。

144. D 【解析】县级以上地方人民政府统计机构依法查处本行政区域内发生的统计违法行为。但是,国家统计局派出的调查机构组织实施的统计调查活动中发生的统计违法行为,由组织实施该项统计调查的调查机构负责查处。

145. D 【解析】《统计法》第三十条第三款规定,县级以上地方人民政府设立独立的统计机构,乡、镇人民政府设置统计工作岗位,配备专职或者兼职统计人员,依法管理、开展统计工作,实施统计调查。

146. B 【解析】国家统计局各级调查队是国家统计局的派出机构,国家统计局对各级调查队实行垂直管理。

147. A 【解析】《涉外调查管理办法》第二十四条规定,经批准的涉外社会调查项目,不得擅自变更;需要变更的,涉外调查机构应当就变更部分向原批准机关提出申请。

148. C 【解析】为了保证重大国情国力普查工作顺利进行,《统计法》第十九条第二款在总结实践经验的基础上,对重大国情国力普查经费的保障问题做了专门规定。一是明确重大国情国力普查所需经费由国务院和地方人民政府共同负担,并列入相应年度的财政预算:二是要求重大国情国力普查经费要按时拨付,确保到位。

149. A 【解析】竣工房屋价值是指在报告期内竣工房屋本身的建造价值。竣工房屋的价值一般按房屋设计和预算规定的内容计算。包括竣工房屋本身的基础、结构、屋面、装修以及水、电、卫等附属工程的建筑价值,也包括作为房屋建筑组成部分而列入房屋建筑工程预算内的设备(如电梯、通风设备等)的购置和安装费用;不包括厂房内的工艺设备、工艺管线的购置和安装,工艺设备基础的建造;室外的水、暖、电、卫、道路工程、挡土墙等环境工程的费用;办公和生活用家具的购置等费用;购置土地的费用;迁移补偿费和场地平整的费用及城市建设配套投资。

150. C 【解析】地方统计调查项目是指县级以上地方人民政府及其部门制定并实施的地方性统计调查项目。

151. A 【解析】第三季度的平均职工数为7月、8月、9月的职工数求平均值,由于题中每月职工数为时点数据,所以采用“首末折半法”计算平均职工数为$(0.5\times42+40+48+0.5\times46)/3=44$(人)。

152. A 【解析】茎叶图是反映原始数据分布的图形。箱线图是用于描述数据分布特征的一种图形。气泡图可用于展示三个变量之间的关系。雷达图是显示多个变量的常用图示方法。

153. D 【解析】实践中常用的时间序列的分析包括水平分析和速度分析。其中,水平分析指标包括发展水平、增长量、平均发展水平和平均增长量。

154. D 【解析】按照统计法律法规的规定,国家统计局各级调查队的职责职权:①完成国家统计调查任务,执行国家统计调查项目的统计调查制度;②按照国家有关规定,定期公布其组织实施统计调查所取得的统计资料,经国家统计局授权公布部分省、自治区、直辖市统计数据;③对所调查的经济社会发展及运行情况进行剖析,提出有针对性的政策建议和咨询意见;④实施统计监督;⑤管理其组织实施统计调查所取得的资料;⑥建立健全统计信息共享机制,实现和有关部门共享政府统计调查取得的资料;⑦依法查处其组织实施的统计调查活动中发生的统计违法行为。

155. D 【解析】关于涉外调查许可证的有效期限,《涉外调查管理办法》第十八、第十九条做了明确规定,涉外调查许可证的有效期为3年,涉外调查机构需要延续涉外调查许可证有效期的,应当在有效期届满30日前向原颁发机关提出申请。

156. A 【解析】普查是专门组织的一次性的全面调查,用来调查属于一定时点上或一定时期内的社会现象总量。普查的特点:①它是一种全面调查,具有资料包括范围全面、详尽、系统的优点;②它是一次性的专门调查,因为普查的工作量大,耗资也多,时间周期较长,一般不宜经常举行。

157. C 【解析】分类变量没有数值特征,所以不能对其数据进行数学运算。即使有时人们用若干个数值来代表不同的类别,这些数值本身也不具有数量差异的意义。

158. D 【解析】《统计法》第三十条第三款规定,县级以上地方人民政府设立独立的统计机构,乡、镇人民政府设置统计工作岗位,配备专职或者兼职统计人员,依法管理、开展统计工作,实施统计调查。第三十一条规定,县级以上人民政府有关部门根据统计任务的需要设立统计机构,或者在有关机构中设置统计人员,并指定统计负责人,依法组织、管理本部门职责范围内的统计工作,实施统计调查,在统计业务上受本级人民政府统计机构的指导。

159. B 【解析】确定组距时,在研究的现象变动比较均匀的情况下,可以采用等距分组;而当研究的现象变动很不均匀时,如急剧的增长或急剧的下降,波动的幅度很大时,则一般采用不等距分组。

160. A 【解析】直方图是常见而且非常重要的一种描述数值型数据图形。它的横坐标代表变量各组的界限,纵坐标代表各变量值出现的频数或频率,这样,各组与相应的频数就形成了一个矩形,即直方图。

161. C 【解析】样本是从总体中抽取的一部分元素的集合,构成样本的元素的数目称为样本量。一般而言,样本量越大,抽样误差越小。在要求同样精度的情况下,不同抽样方法需要的样本量大小不同。通常将样本量不少于30的样本称为大样本。

162. B 【解析】2018年8月,中共中央办公厅、国务院办公厅印发《防范和惩治统计造假、弄虚作假督察工作规定》,明确党中央、国务院授权国家统计局组织开展统计督察,监督检查各地区各部门贯彻执行党中央、国务院关于统计工作的决策部署和要求,统计法律法规、国家统计政令等情况。

163. A 【解析】无偏性是指估计量抽样分布的期望值等于被估计的总体参数。设总体参数为θ,所选择的估计量为$\hat{\theta}$,如果$E(\hat{\theta})=\theta$,则称$\hat{\theta}$为θ的无偏估计量。

164. A 【解析】B项,备择假设是针对所要研究的结论设计的,不是针对样本统计量设计的;C项,当原假设被拒绝时,有可能犯第一类错误,不能说明原假设是错误的;D项,假设检验的结果只能是拒绝或不拒绝原来假设,而不能说明原假设是正确的还是错误的。

165. C 【解析】《涉外调查管理办法》第十九条第二款规定,涉外调查许可证有效期届满的,应当在届满后30日内,向原颁发机关缴回已过期的涉外调查许可证。

166. C 【解析】《防范和惩治统计造假、弄虚作假督察工作规定》第五条明确了统计督察的对象为与统计工作相关的各地区、各有关部门。

167. A 【解析】拉氏指数以基期销售价格为权数,销售量的拉氏指数为110%说明与基期相比销售量提高了10%,即销售量综合提高了10%。

168. A 【解析】计算股票价格指数,所选择的样本股票必须具有代表性和敏感性。代表性是指在种类繁多的股票中,既要选择不同行业的股票,又要选择能代表该行业股价变动趋势的股票;敏感性是指样本股票价格的变动能快速反映出整个股市价格的升降变化。

169. D 【解析】地方性统计法规是由省、自治区、直辖市等有地方立法权的地方人民代表大会及其常委会制定和发布并于本地方实施的统计行为规范。

170. A 【解析】A项是统计法律;B项属于统计行政法规;C项属于统计行政规章;D项属于地方性统计法规。《中华人民共和国统计法实施条例》属于统计行政法规,在整个统计法律制度中,统计行政法规的法律效力低于统计法律,不得与《中华人民共和国统计法》相抵触。

171. B 【解析】"统计法律的法律"指狭义的法律,专指由全国人民代表大会及其常委会制定颁布的规范性法律文件,其效力仅次于宪法。统计法律,即指由全国人大常委会制定的关于统计方面的行为规范。

172. D 【解析】国家统计局负责统筹、指导、协调、监督统计督察工作。国家统计局通过组建统计督察组开展统计督察工作。

173. C 【解析】商业秘密是统计调查对象的重要合法权益。对从事经营活动的统计调查对象来讲,由于商业秘密涉及其竞争能力和经营效益,如果统计机构、统计人员泄露了其商业秘密,势必会损害其经济利益,影响其正常的经营活动,给其造成不应有的损失。因此,为维护统计调查对象的合法权益,必须保护其依法提供给统计机构、统计人员的商业秘密。

174. C 【解析】统计工作的统一性,最关键的就是统计管理体制的集中统一。有了统计管理体制的集中统一,统计部门对大量的社会经济现象进行统计调查,对统计调查对象的社会经济活动情况进行全面的搜集、汇总就会富有效率。

175. C 【解析】《统计法》第三十条第三款规定,县级以上地方人民政府设立独立的统计机构。乡、镇人民政府设置统计工作岗位,配备专职或者兼职统计人员,依法管理、开展统计工作,实施统计调查。

176. B 【解析】《统计法》第十一条规定,统计机构和统计人员对在统计工作中知悉的国家秘密、工作秘密、商业秘密、个人隐私和个人信息,应当予以保密,不得泄露或者向他人非法提供。这是各级政府、各级统计机构和各部门对社会公众的庄严承诺,也是我们从调查对象那里获得真实准确统计资料的前提,这体现了诚信统计原则。

177. A 【解析】目前国际上的统计体制有两种基本形式:集中型和分散型。其中,分散型的统计管理体制优点在于统计工作与主管部门结合密切,对客观情况的变化反应及时,主管部门认为必要的统计调查可以及时进行。BCD 项属于集中型统计管理体制的优点。

178. B 【解析】涉外调查机构资格认定属于依法赋予行政相对人从事涉外调查工作的法律资格的行政行为,涉外社会调查项目审批是指依法赋予行政相对人实施特定涉外调查项目的法律权利的行为。

179. C 【解析】统计调查制度应当包括下列内容:调查目的、调查内容、调查方法、调查对象、调查组织方式、调查表式、统计资料的报送、统计资料的公布。

180. B 【解析】经国务院批准,国家统计局近年来对现行统计调查方法体系进行了重大改革,确立了以周期性普查为基础,以经常性抽样调查为主体,以全面定期统计报表、重点调查为补充的统计调查方法体系。

181. A 【解析】AB 两项,地方统计调查项目由县级以上地方人民政府统计机构和有关部门分别制定或者共同制定。其中,由省级人民政府统计机构单独制定或者和有关部门共同制定的,报国家统计局审批;由省级以下人民政府统计机构单独制定或者和有关部门共同制定的,报省级人民政府统计机构审批;由县级以上地方人民政府有关部门制定的,报本级人民政府统计机构审批。C 项,《统计法》第十三条第三款规定,国家统计调查项目、部门统计调查项目、地方统计调查项目应当明确分工,互相衔接,不得重复。D 项,地方统计调查项目与国家统计调查项目和部门统计调查相比,最主要的区别是具有地域性,只能在本行政区域内组织实施。

182. A 【解析】《统计法》第十四条第三款对地方统计调查项目的规定,有三个层级的审批制度:①由省级人民政府统计机构单独制定或者和有关部门共同制定的,报国家统计局审批;

②由省级以下人民政府统计机构单独制定或者和有关部门共同制定的，报省级人民政府统计机构审批；③由县级以上地方人民政府有关部门制定的，报本级人民政府统计机构审批。

183. B 【解析】《防范和惩治统计造假、弄虚作假督察工作规定》第十五条、第十六条对被督察地区、部门及有关人员提出了明确要求，其中包括被督察地区、部门及其工作人员违反规定不支持配合甚至拒绝、阻碍和干扰统计督察工作的，应当视为包庇、纵容统计违纪违法行为，依照有关规定严肃处理。

184. B 【解析】《涉外调查管理办法》第十八条规定，涉外调查许可证的有效期为三年。涉外调查机构需要延续涉外调查许可证有效期的，应当在有效期届满三十日前向原颁发机关提出申请。

185. D 【解析】《统计法》并未针对每种具体的违法行为规定"依法追究刑事责任"，而是在第五十条统一规定为：违反本法规定，构成犯罪的，依法追究刑事责任。

186. A 【解析】根据《统计法》第四十四条规定，作为统计调查对象的国家机关、企业事业单位或者其他组织有下列行为之一的，由县级以上人民政府统计机构责令改正，给予警告，可以予以通报；其负有责任的领导人员和直接责任人员属于公职人员的，由任免机关、单位或者监察机关依法给予处分：①拒绝提供统计资料或者经催报后仍未按时提供统计资料的；②提供不真实或者不完整的统计资料的；③拒绝答复或者不如实答复统计检查查询书的；④拒绝、阻碍统计调查、统计检查的；⑤转移、隐匿、篡改、毁弃或者拒绝提供原始记录和凭证、统计台账、统计调查表及其他相关证明和资料的。企业事业单位或者其他组织有前款所列行为之一的，可以并处十万元以下的罚款；情节严重的，并处十万元以上五十万元以下的罚款。个体工商户有本条第一款所列行为之一的，由县级以上人民政府统计机构责令改正，给予警告，可以并处一万元以下的罚款。

187. C 【解析】统计督察工作的开展需严格按照一定程序进行：①制定方案；②实地督察；③报告情况。C 项，国家统计局听取统计督察组的督察情况汇报及处理意见后，应当及时向被督察地区、部门提出针对性的整改意见。

188. B 【解析】统计行政诉讼有以下特征：①统计行政诉讼中的双方当事人，被告只能是行使统计行政权力、作出引起纠纷的具体行政行为的统计行政执法机关，即国家统计局及其派出的调查队和县级以上地方人民政府统计机构，原告则是认为统计行政执法机关的具体行政行为侵犯其合法权益的公民、法人或者其他组织；②统计行政诉讼所要解决的是统计行政争议；③统计行政诉讼的起因是相对人对具体统计行政行为不服，持有异议，认为侵犯了其合法权益；④统计行政诉讼是在人民法院的主持下进行的。

189. D 【解析】《统计法》第四十九条规定，对国家统计局派出的调查机构作出的行政处罚决定不服的，向国家统计局申请行政复议。

190. D 【解析】检查 10 000 箱蛇果的质量，应以箱为单位抽取蛇果进行质量检验，每一箱相当于一个群，随机抽取一定箱数的蛇果，并对抽中箱的蛇果全部进行质量检验，即使用整群抽样的方法检验质量。

191. D 【解析】该课题组为调查房价,有意识地选择具有代表性的四个城市进行调查,属于典型调查。AB 项,四个城市是人为主观选取的,故该课题组的调查方式不是抽样调查,也显然不是普查;C 项,重点调查所研究对象的总量在总体总量中占据绝大部分,所以该课题组的调查方式也不属于重点调查。

192. C 【解析】该调查选择了铁路中的部分重点单位(交通枢纽)进行调查,不是普查,也不是抽样调查。所调查对象具有所研究对象的总量在总体总量中占据绝大部分,属于重点调查,而非选择具有代表性对象的典型调查。

193. B 【解析】B 项,确定统计需求是统计生产的第一个阶段。包括咨询和了解统计用户的需求,根据当前统计资源情况确定满足用户需求的统计产品,与用户商议和确认产出目标,准备业务文件,申请批准;AD 项,确定统计调查内容和统计调查方法分别是统计生产的第二、第三个阶段;C 项,统计指标体系是属于第二阶段的内容。

194. C 【解析】法人单位由产业活动单位组成,一个法人单位可以包括一个或多个产业活动单位。一些法人单位,他们或位于一个以上的活动场所,或从事一种以上的经济活动,并能够提供各自的业务情况和财务收支资料。这种由两个或两个以上产业活动单位组成的法人单位称为多产业法人单位。

195. C 【解析】确定调查的对象和调查单位,是为了回答向谁调查,由谁来具体提供统计资料的问题。调查对象就是需要调查的那些经济社会现象的总体;调查单位则是构成需要调查的那些经济社会现象总体的所有个体,也就是调查对象中所要调查的具体单位。题中,调查目的是了解当地工业企业用电情况,那么该地区内所有的工业企业即为调查对象,而构成工业企业这个总体的每一个工业企业则为调查单位。

196. A 【解析】涉外调查机构资格认定属于依法赋予行政相对人从事涉外调查工作的法律资格的行政行为,涉外社会调查项目审批是指依法赋予行政相对人实施特定涉外调查项目的法律权利的行为。

197. A 【解析】产业活动单位是法人单位的组成部分,它必须同时具备以下三个条件:①在一个场所从事一种或主要从事一种社会经济活动;②相对独立地组织生产或业务活动;③能够掌握收入和支出等相关资料。

198. C 【解析】我国工业包括采矿业,制造业以及电力、热力、燃气及水生产和供应业。

199. C 【解析】根据《防范和惩治统计造假、弄虚作假督察工作规定》第十二条、第十三条,被督察地区、部门收到统计督察组反馈意见后,应当对存在的问题认真整改落实,并在 3 个月内将整改情况反馈国家统计局。

200. A 【解析】流动资产是指企业主要为交易目的而持有的,预计在一个正常营业周期中变现、出售或耗用的现金或现金等价物。流动资产可分为货币资金、交易性金融资产、应收票据、应收账款、预付款项、其他应收款、存货等。B 项属于非流动资产中的固定资产;CD 项属于非流动资产中的无形资产。

201. D 【解析】建筑业总产值(即自行完成施工产值)是以货币表现的建筑安装企业在一

定时期内生产的建筑业产品和服务的总和。建筑业总产值:①建筑工程产值;②安装工程产值;③其他产值。

202. D 【解析】房地产业由房地产开发经营、物业管理、房地产中介服务、房地产租赁经营和其他房地产业组成。其中,其他房地产包括住房公积金管理服务;房屋征收拆迁服务;房地产交易与权属登记管理服务等活动;不包括房地产行政主管部门的活动土地管理服务。

203. C 【解析】《统计执法监督检查办法》第十条规定,统计执法监督检查机构和执法检查人员的主要职责:①起草制定统计法律法规规章和规范性文件;②宣传、贯彻统计法律法规规章;③组织、指导、监督、管理统计执法监督检查工作;④依法查处统计违法行为,防范和惩治统计造假、弄虚作假;⑤组织实施统计执法"双随机"抽查,受理、办理、督办统计违法举报;⑥建立完善统计信用制度,建立实施对统计造假、弄虚作假的联合惩戒机制;⑦监督查处涉外统计调查活动和民间统计调查活动中的违法行为;⑧法律、法规和规章规定的其他职责。

204. B 【解析】销售成品价值是指企业在报告期内实际销售(包括本期生产和非本期生产)的全部成品、半成品的总金额。工业销售成品价值包括为本企业在建工程,生活福利部门等提供的成品和自制设备价值,不包括用订货者来料加工的成品和半成品价值。

205. B 【解析】常住人口主要指居住本地时间超过半年以上的人口。具体包括调查(普查)标准时点,居住在本乡镇街道,户口在本乡镇街道或户口待定的人;居住在本乡镇街道且离开户口登记所在的乡镇街道半年以上的人;户口在本乡镇街道且外出不满半年或在境外工作学习的人。

206. B 【解析】统计调查制度是组织实施统计调查的一系列规范,是统计调查项目的核心内容,每一项统计调查都有其相应的调查制度。

207. A 【解析】社会统计的主要内容是公共服务统计,其核心是政府行使公共服务和社会管理职能活动及成效的统计,以及政府公共服务支出统计。主要有教育统计、文化统计、卫生统计、体育统计、社会保障统计、公检法司统计、社会参与统计、妇女儿童发展监测、居民生活统计、环境保护统计等。A 项属于科技创新统计的范畴。

208. C 【解析】统计执法监督检查是一种行政执法活动。具有严肃性、权威性和国家强制性。一方面,各级统计执法监督检查机关要忠于职守,正确地履行职责,认真做好对统计法规和统计制度贯彻执行情况的监督检查,不得随意放弃对各种统计违法行为的查处权。另一方面,各级统计执法监督检查机关在行使职权时,被检查单位和个人必须予以配合,不得干涉、阻挠或者拒绝检查。

209. C 【解析】财务费用指企业为筹集生产经营所需资金而发生的费用,包括企业生产经营应作为期间发生的利息支出(减利息收入)、汇兑损失(减汇兑收益)以及相关手续费等。AB 项属于销售费用,D 项属于管理费用。

210. A 【解析】国家统计调查项目的制定分为两种情况:一是由国家统计局单独制定;二是由国家统计局和国务院有关部门共同制定。其中,重大的国家统计调查项目,如人口普查、经济普查和农业普查等,报国务院审批;其他调查项目,报国务院备案。

211. C 【解析】住户调查内容主要包括住户成员及劳动力从业情况、居民现金和实物收支情况、居民家庭食品和能源消费情况、住房和耐用消费品拥有情况、家庭经营和生产投资情况、社区基本情况以及其他民生状况等。C 项属于人口统计。

212. C 【解析】调查失业率是指通过劳动力调查或相关抽样调查推算得到的失业人数占全部劳动力(就业人数和失业人数之和)的百分比。城镇调查失业率 = 城镇调查失业人数/(城镇就业人数 + 城镇调查失业人数) × 100% = 5 000/(75 000 + 5 000) × 100% = 6.25%。

213. C 【解析】根据我国现行法律、法规的规定,引起统计行政诉讼的具体统计行政行为有三类:①统计行政处罚行为;②统计行政许可行为;③统计行政机关的其他具体行政行为。

214. B 【解析】运用实验法搜集数据时:①实验组和对照组的产生应当是随机的,研究对象的不同单位应当被随机地分配到实验组或对照组,而不应是经过有意识地挑选的;②实验组和对照组应当是匹配的,即研究对象的背景资料应当是大体相同的,至少不要差异太大。

215. C 【解析】C 项,国有大中型企业统计机构属于企业事业组织统计机构。

216. C 【解析】将产品分为 1 级品、2 级品和 3 级品,这种数据不仅能区分产品的类别,而且表明产品的优劣关系,故此数据为顺序数据。

217. B 【解析】B 项,恩格尔系数是根据恩格尔定律得出的比例数,是表示生活水平高低的一个指标,计算公式:恩格尔系数 = 食物支出金额/总支出金额 × 100%。A 项,基尼系数可用于定量测定收入分配差异程度,是国际上用来综合考察居民内部收入分配差异状况的一个重要分析指标;C 项,负担系数指被抚养人口与 15 ~ 64 岁人口的比例;D 项,老年人口比例指在一定时点上老年人口占总人口的比重,是表明人口年龄构成的相对指标。

218. B 【解析】抽样调查是一种非全面调查,它是按照随机原则从总体中抽取一部分单位作为样本进行观察研究,以抽样样本的指标去推算总体指标的一种调查。随机原则即要求所有调查单位都有一定的概率被抽取。

219. D 【解析】查处统计违法案件,应当做到事实清楚,证据确凿,定性准确,处理恰当,适用法律正确,符合法定程序。定性准确就是在事实清楚、证据确凿的基础上,准确地认定案件事实的性质,它是正确处理案件的重要前提。处理恰当就是依照统计法律、法规、规章的规定,给予统计违法者以轻重适度、恰如其分的裁定处理。

220. C 【解析】国家统计局制定的《统计执法监督检查办法》第三十五条规定,县级以上人民政府统计机构作出对法人或者其他组织 5 万元以上罚款,对个体工商户作出 2 000 元以上罚款的行政处罚决定前,应当告知处罚对象有要求举行听证的权利。处罚对象要求听证的,作出处罚决定的统计机构应当依法组织听证。

221. A 【解析】区间估计就是根据估计可靠程度的要求,利用随机抽取的样本的统计量值确定能够覆盖总体参数的可能区间的一种估计方法。上述估计属于区间估计。

222. B 【解析】假设检验是先对总体参数或分布形式提出某种假设,然后利用样本信息和相关统计量的分布特征去检验这个假设,作出是接受还是拒绝原假设的决策。

223. C 【解析】《统计执法监督检查办法》第十一条规定,执法检查人员应当参加培训,经考试合格,取得由国家统计局统一颁发的统计执法证。

224. B 【解析】P 值就是当原假设为真时所得到的样本观察结果或更极端结果出现的概率。如果 P 值很小,说明这种情况发生的概率很小,而如果出现了,根据小概率原理,我们就有理由拒绝原假设,P 值越小,拒绝原假设的理由就越充分。

225. C 【解析】显著性水平 α 是犯第一类错误的概率,也就是原假设 H_0 为真,却拒绝 H_0 的概率。

226. B 【解析】《统计法》第十八条第二款规定,重大国情国力普查由国务院统一领导,国务院和地方人民政府组织统计机构和有关部门共同实施。

227. D 【解析】当两个变量的变动方向总体上相同,即一个变量增加,另一个变量也相应地增加,或一个变量减少,另一个变量也相应地减少时,两个变量之间的关系属于正相关;若两个变量变动的方向总体上相反,即一个变量增加的同时,另一个变量随之减少时,两个变量之间的关系属于负相关。

228. C 【解析】统计法的基本原则是以实现统计法既定任务和特定功能为目的的基本法律思想,是统计法基本精神的体现,是统计法所调整的统计法律关系的集中反映,是贯穿于整个统计法律规范、对各项统计法律制度和所有统计法律规范起统率作用的准则。

229. D 【解析】统计调查制度按照调查管理方式的不同,分为周期性调查制度、经常性调查制度和专项调查制度。

230. C 【解析】数据质量审核评估是国家统计局及各相关司级单位以原始数据和汇总数据为基础,充分考虑数据生产过程的科学性、规范性和统计数据的匹配性、逻辑性等,采用科学方法对统计数据的真实性、准确性进行判断和分析,对可能存在的数据质量问题进行追溯、核实和修正,对全国和各省(区、市)统计数据进行审核与确认。

231. B 【解析】推断统计是研究如何利用样本数据来推断总体特征的统计学方法,内容包括参数估计和假设检验两大类。ACD 项属于描述统计。

232. D 【解析】变量可分为以下几类:①分类变量,指只能反映现象分类特征的变量;②顺序变量,是说明事物有序类别的一个名称,这类变量的具体表现就是顺序数据;③数值型变量,是说明事物数字特征的一个名称。A 项是分类变量;BC 项是数值型变量。

233. C 【解析】各级统计机构采用统一的数据采集处理平台或规定的软件,在确保数据保密的工作环境下,对调查数据进行审核、查询、修正和确认;对数据加工过程中产生的中间数据、分组数据、汇总数据进行分析,对出现的问题数据进行核实和修正。

234. C 【解析】我国编制资产负债表以直接法为主,间接法为辅。直接法是指搜集现有会计、统计和部门行政记录资料,以获得相关资产和负债总量及结构数据,直接编制资产负债表的方法。间接法主要根据有关流量或存量数据,间接推算出期末存量。

235. C 【解析】在统计各组频数时,恰好等于某一组的组限时,则采取上限不在内的原则,即将该频数计算在与下限相同的组内。该同学统计学考试成绩为 80 分应计入成绩为 80 ~ 90 分的人数中。

236. C 【解析】完全消耗系数是指第 j 产品部门每提供一个单位最终使用时,对第 j 产品部门货物或服务的直接消耗和间接消耗之和,用公式表示为:$B_{ij}=\frac{b_{ij}}{b_{ij}}$。所以汽车对钢铁的完全消耗系数 $B_{ij}=(2+3)/4=1.25$。

237. B 【解析】抽样调查是一种非全面调查,它是从全部调查研究对象中,抽选一部分单位进行调查,并对全部调查研究对象作出估计和推断的一种调查方法。本题中,为了解某地区居民日常生活消费水平,不可能或不必要进行全面调查,所以选择抽样调查。

238. B 【解析】统计执法监督检查的对象主要有以下三类:①统计调查对象;②地方人民政府、县级以上人民政府统计机构和有关部门;③涉外调查机构。

239. B 【解析】在统计违法案件查处程序中,处理阶段:①案件审理;②处罚事先告知;③听取当事人的陈述、申辩;④听证;⑤作出处理决定;⑥处罚决定的送到;⑦处罚决定的执行。

240. C 【解析】其他房地产业包括住房公积金管理服务;房屋征收拆迁服务;房地产交易与权属登记管理服务等活动。

241. A 【解析】在总体为正态分布的情况下,以95.45%的置信水平推断总体参数 μ 的置信区间时,误差范围为两倍的标准差。此时包装中大米重量的取值范围为 $(\bar{x}-2\sigma,\bar{x}+2\sigma)$,代入数据得:$(100-4,100+4)$。

242. D 【解析】电力消费弹性系数是反映电力消费增长速度与国民经济增长速度之间关系的指标。计算公式为:电力消费弹性系数=电力消费量年平均增长速度/国民经济年平均增长速度。

243. C 【解析】房地产业由房地产开发经营、物业管理、房地产中介服务、房地产租赁经营和其他房地产业组成。其中,房地产中介服务不包括房产测绘。

244. D 【解析】再分配的结果形成国内各机构部门的可支配总收入。国内各机构部门的可支配总收入之和称为国民可支配总收入。A项,国内生产总值反映了一时期一国各常住单位的生产成果,即在此期间生产活动所创造的价值;B项,国内生产净值表示一个国家一定时期内的净产值;C项,国民总收入是过去通常计算的国民生产总值,表示一国当期获得的初次分配收入总量,反映一国与国外收入初次分配结果的总量指标。

245. C 【解析】统计调查应当以周期性普查为基础。

246. B 【解析】定性准确就是在事实清楚,证据确凿的基础上准确地认定案件事实的性质。它是正确处理案件的重要前提,要做到定性准确,必须以案件事实为基础,以统计法律、法规、规章为判断标准,具体问题具体分析,切不可主观臆断地确定案件的性质。

247. B 【解析】近年来,经国务院批准,国家统计局对现行统计调查方法体系进行了重大改革,确定了以周期性普查为基础,以经常性抽样调查为主体,以全面定期统计报表、重点调查为补充的统计调查方法体系。

248. D 【解析】实施统计行政处罚的主体一般来说只能是县级以上人民政府统计机构。根据统计法律法规规定,对统计违法行为,只能由国家统计局及其派出的调查队和地方各级人民政府统计机构在法定职权范围内按照法定程序给予统计行政处罚,其他行政机关均不具有此权力,但法律、行政法规对有关部门查处统计违法行为另有规定的,从其规定。

249. A 【解析】调查方案可行性研究方法:①逻辑分析法;②经验判断法;③试点调查法。

250. C 【解析】《统计法》第八条规定,国家机关、企业事业单位和其他组织以及个体工商户和个人等统计调查对象,必须依照本法和国家有关规定,真实、准确、完整、及时地提供统计调查所需的资料,不得提供不真实或者不完整的统计资料,不得迟报、拒报统计资料。第三十三条规定,统计人员进行统计调查时,有权就与统计有关的问题询问有关人员,要求其如实提供有关情况、资料并改正不真实、不准确的资料。

251. B 【解析】推断统计是研究如何利用样本数据来推断总体特征的统计学方法。题中,根据100名员工年龄的调查数据推断公司全部员工的平均年龄,属于推断统计。

252. A 【解析】《行政诉讼法》第六十七条规定,人民法院应当在立案之日起五日内,将起诉状副本发送被告。

253. B 【解析】目前我国人口普查每10年进行一次,在尾数逢0的年份实施,标准时点为普查年度的11月1日零时。人口普查采用全面调查的方法,以户为单位进行登记,主要调查人口和住户的基本情况。

254. A 【解析】直接消耗系数也称为投入系数,是指在生产经营过程中第 j 产品(或产业)部门的单位总产出所直接消耗的第 i 产品部门货物或服务的价值量,计算方法为:$A_{ij}=\frac{x_{ij}}{x_j}(i,j=1,2,\cdots,n)$显然 $0<x_{ij}<x_i$,所以 $0\leqslant x_{ij}<1$

255. B 【解析】货物是指人们对它有某种需求,并能够确定其所有权的有形生产成果,这种所有权可以通过市场交易从一个机构单位转移到另一个机构单位;服务是生产活动的结果,该生产活动可以改变消费单位的状况,或促进产品或金融资产的交换。如果和投入物相比,产出没有实物形态和使用价值的根本改变,则可以说该产出是服务,这一点构成了服务与货物的主要区别。

256. D 【解析】银行信贷资金运用包括各项贷款,债券投资、股权及其他投资,买入返售资产,存放非银行业金融机构款项、金银占款、中央银行外汇占款,应收及预付款、投资性房地产、固定资产。在实际情况中,各项贷款是银行信贷资金最主要的运用去向。

257. D 【解析】《行政处罚法》第七十三条规定,当事人对行政处罚决定不服,申请行政复议或者提起行政诉讼的,行政处罚不停止执行,法律另有规定的除外。

258. B 【解析】狭义的统计法仅指《中华人民共和国统计法》,广义的统计法包含所有规范统计活动的统计法律、法规、规章及规范性文件。

259. C 【解析】出生率是一年内出生人数与年平均人口数之比,是表明出生强度的指标,用千分率表示。计算公式:出生率 = 年内出生人数/年平均人口数 × 1 000‰。

260. D 【解析】自然保护区,是指对有代表性的自然生态系统、珍稀濒危野生动植物物种的天然分布区、水源涵养区、有特殊意义的自然历史遗迹等保护对象所在的陆地、陆地水体或海域,依法划出一定面积予以特殊保护和管理的区域。

261. A 【解析】没收违法所得主要适用于以下情况:县级以上人民政府统计机构或者有关部门组织实施营利性统计调查的;单位、个人违法从事涉外统计调查活动的。

262. A 【解析】反向投资额是指境外企业对境内投资主体持股比例低于10%的投资。

263. D 【解析】实物福利既包括单位或雇主免费或低价提供的各种实物产品,也包括单位或雇主免费或低价提供的各种服务,如免费或低价提供的工作餐(不包括公务招待或出差中的餐饮消费)、住宿、上下班交通工具、停车场、幼儿园、娱乐、健身、旅游和医疗保健服务,以及单位缴纳的水电费、取暖费、物业费、职工子女入学的教育赞助费等。由个人先行付款消费,后由单位或雇主给予报销的款额也视为实物福利。实物福利还包括单位或雇主自身生产过程所生产的货物与服务,如铁路或航空公司提供给员工的免费旅程,采矿企业提供给员工的免费煤炭等。

264. D 【解析】住宅指专供居住的房屋,包括别墅、公寓、职工家属宿舍和集体宿舍(包括职工单身宿舍和学生宿舍)等。但不包括住宅楼中作为人防用、不住人的地下室等。

265. A 【解析】对外直接投资是指境内投资者以控制国(境)外企业的经营管理权为核心的经济活动,体现在一经济体通过投资于另一经济体而实现其持久利益的目标。

266. B 【解析】凡是本单位有权支配的,不论来源(自行采购的、借用的、外单位拨来的等),也不论存放在什么地方(总库、分库、车间、工地、本单位之外的其他地方等),均应统计在本单位的库存量中;在统计时点上尚未投入消费的,包括车间、工地、班组从仓库已领取但尚未投入第一道生产工序的(应办理假退料手续),均应统计在本单位的库存量中。

267. D 【解析】统计执法监督检查具有四个基本特征:①是由国家依法授权的机关进行的;②是一种行政执法活动,具有严肃性、权威性和国家强制性;③是按照一定的权限、程序和方式进行的;④具有主动性。主动性是指统计执法监督检查,不仅要对已经发生的统计违法行为进行严肃查处,还要主动做好防患于未然的工作,通过开展“双随机”抽查,查找违法隐患,纠正违法行为,提高全社会的统计法律意识,预防、减少各种统计违法行为的发生。

268. C 【解析】概率抽样调查是一种非全面调查,它是按照随机原则从总体中抽取一部分单位作为样本进行观察研究,以抽样样本的指标去推算总体指标的一种调查。随机原则要求所有调查单位都有一定的概率被抽取。在概率抽样调查中会存在抽样误差,但是这个误差可以事先计算并加以控制。

269. B 【解析】《统计违法违纪行为处分规定》第八条规定,违反国家规定的权限和程序公布统计资料,造成不良后果的,对有关责任人员,给予警告或者记过处分;情节较重的,给予记大过或者降级处分;情节严重的,给予撤职处分。

270. B 【解析】假设检验实质上是对原假设作出接受还是拒绝的统计判断。

271. C 【解析】相关关系是指存在于现象之间的一种非确定性的数量关系;C项的关系是统计独立。

272. D 【解析】社会统计的主要内容是公共服务统计,其核心是政府行使公共服务和社会管理职能活动及成效的统计,以及政府公共服务支出统计。主要有教育统计、社会保障统计、居民生活统计、环境保护统计等。

273. B 【解析】质量指数是表明总体单位水平、工作质量等质量变动的相对数,如价格指数、单位成本指数、劳动生产率指数等。

274. C 【解析】《统计违法违纪行为处分规定》第十条规定,包庇、纵容统计违法违纪行为的,对有关责任人员,给予记过或者记大过处分;情节较重的,给予降级或者撤职处分;情节严重的,给予开除处分。

275. D 【解析】保障统计工作统一性原则体现在以下几方面的内容:①统计管理体制应当集中统一,这在统计工作统一性中是最关键的;②统计制度和统计标准应当统一,否则各类统计调查就会陷入无序状态;③统计资料必须依照法律规定统一管理和公布,这是统计工作的统一性在统计资料方面的体现。

276. B 【解析】样本调查小区的设计使用周期为5年,抽中的调查小区周期内保持不变,调查小区内的样本住户每3年或2年进行轮换。

277. D 【解析】国家统计局及其派出的调查机构、县级以上地方各级人民政府统计机构是国家依法授权的统计执法监督检查机关,依法具有统计执法监督检查权。

278. C 【解析】少儿人口比例是指在一定时点上,少年儿童人口占总人口的比重,它是表明人口年龄构成的相对指标,一般用百分率表示。

279. B 【解析】由国家统计局派出的调查队在业务上由国家统计局领导。

280. D 【解析】国家统计局对其派出机构的人员和编制实行垂直管理。

281. C 【解析】一般情况下,工业生产者价格权数调查每五年进行一次,2021至2025年以2020年为基期计算价格指数。

282. A 【解析】查处统计违法案件,应当做到事实清楚、证据确凿、定性准确、处理恰当、适用法律正确、符合法定程序。事实清楚是定性处理的基础,证据确凿是认定案件事实的依据,定性准确是正确处理的关键,处理恰当是办案的结果和目的,适用法律正确、符合法定程序是处理恰当的前提保证。

283. A 【解析】采掘了价值600万元的煤炭,炼成价值1 700万元的焦炭,生产出价值为3 500万元的钢材,三个企业的总产出为600+1 700+3 500=5 800(万元)。

284. C 【解析】能够反映生产单位对国民经济所做的净贡献的指标是增加值。

285. A 【解析】增加值能够反映生产单位对国民经济所做的净贡献,国内生产总值在价值的构成上,是指一定时期内一国范围内所有常住单位的增加值的总和。

286. D 【解析】国内生产总值在实物构成上,是一时期一国内各生产单位所生产的最终产品的价值总和。

287. A 【解析】居民消费支出指常住住户在一定时期内对于货物和服务的全部最终消费支出,不包括购房与建房。

288. B 【解析】反映数据离散程度的差异度量有极差、四分位差、标准差和方差,标准差大的,代表性小,标准差小的,代表性大。

289. D 【解析】将不同地区、部门、单位之间同类指标进行对比所得的综合指标称为比较相对指标。

290. B 【解析】反映“身高”“月收入”等变量可以用数值表示其观察结果,而且这些数值具有明确的数值含义,不仅能分类而且能测量出来具体大小和差异,选项中只有工资属于定量变量。

291. B 【解析】在调查对象中选择一部分重点企业进行非全面调查,调查的单位数目不多,但其标志值占总体标志总量比重较大,此种调查属于重点调查。

292. B 【解析】频数分布表中落在某一特定类别的数据个数称为频数。频数所在的比重称为频率。

293. D 【解析】①对于一个定量数据,直方图是一个常见的而且非常重要的图形,它的横坐标代表变量分组,纵坐标代表各变量值出现的频数,这样,各组与相应的频数就形成了一个矩形,不可以用来反映定性数据;②折线图是利用线段的升降来说明现象变动的一种统计图,它主要用于表示现象的分配情况、现象在时间上的变化和两个现象之间的依存关系等;③画散点图可以用来反映两个变量的关系。

294. C 【解析】统计行政处罚是指县级以上人民政府统计机构依法对违反统计法律规范的行为给予的行政处罚。它是统计法律责任制度的重要组成部分,是一种具体的统计行政行为。我国统计行政处罚的种类有警告、通报批评、罚款和没收违法所得。责令改正属于其他行政法律责任措施。

295. D 【解析】从业人员工资总额指本单位在报告期内直接支付给本单位全部从业人员的劳动报酬总额。工资总额不论是计入成本的还是不计入成本的,不论是以货币形式支付的还是以实物形式支付的,均应列入工资总额的计算范围。工资总额是税前工资。

296. C 【解析】统计行政规章按制定主体的不同分为政府规章和部门规章,《统计执法监督检查办法》和《统计调查证管理办法》都是由国家统计局制定,所以 BD 项属于统计行政规章中的部门规章。A 项《中华人民共和国统计法实施条例》是统计行政法规;C 项《中华人民共和国统计法》是统计法律。

297. B 【解析】能源消费弹性系数是反映能源消费增长速度与国民经济增长速度之间关系的指标。

298. B 【解析】针对各级人民政府统计机构、有关部门及其工作人员在实施统计调查活动中,发生强令、授意统计调查对象虚报、瞒报或者伪造、篡改统计资料的行为,参与篡改统计资料、编造虚假数据的行为,对有关责任人员,给予记过或者记大过处分;情节较重的,给予降级或者撤职处分;情节严重的,给予开除处分。

299. D 【解析】季节比率计算方法有两个缺陷:①没有考虑长期趋势的影响;②季节比率的高低受各年数值大小的影响。数值大的年份,对季节比率的影响较大;数值小的年份,对季节比率的影响较小。

300. C 【解析】固定资产投资项目投资按照项目在地原则进行统计。

301. A 【解析】ABD 项,在一个回归方程中,自变量是非随机的,是固定的,因变量是随机的,二者是不对等的。因此只能根据自变量推算因变量,但不能根据因变量推算自变量。由于回归系数与相关系数的符号相同,所以可根据回归系数判定因变量与自变量之间的相关方向。C 项,在线性回归分析中,没有明显关系的两个变量可以都是随机变量,所以可以建立 y 对 x 和 x 对 y 的两个回归方程。

302. B 【解析】在调查阶段,统计行政机关要通过调查、取证工作,掌握大量证据,查清统计违法行为的事实,进而确定违法责任人。可见,调查是统计违法案件查处工作的一个关键环节,直接决定着对案件的定性及其处理工作。

303. A 【解析】固定资产投资经济效益统计指标包括固定资产投资收益率、投资贡献率、建设周期、生产能力建成率、投资回收率等。固定资产投资额是以货币形式表现的在一定时期内建造和购置固定资产的工作量以及与此有关的费用的总称。

304. C 【解析】统计行政处罚的作出是以统计行政管理相对人的统计违法行为为前提的。

305. D 【解析】统计行政处罚与统计违法行为相适应的原则即“过罚相当”的原则,既不能对轻微的统计违法行为给予很重的或者较重的统计行政处罚,也不能对社会危害相当大的统计违法行为给予较轻的统计行政处罚或者不予处罚。

306. D 【解析】统计行政处罚的法定原则,主要包括三个方面:统计行政处罚的依据必须是法定的;实施统计行政处罚的主体及其职权是法定的;统计行政处罚的程序是法定的。

307. B 【解析】统计行政处罚的公正原则,是指在实施统计行政处罚时,要以事实为根据,以法律为准绳。要查明统计违法事实,以事实为根据,没有违法事实的,不得给予统计行政处罚。

308. D 【解析】警告是指行政机关对公民、法人或者其他组织违反行政管理法律规范行为的谴责和警示,其目的是通过对违法行为人一种精神上的惩戒,以申明其有违法行为,并使其以后不再违法,否则就要受到更严厉的处罚。警告属于申诫罚的一种。

多项选择题

1. ACDE 【解析】概率抽样是指遵循随机原则进行的抽样,总体中每个个体都有一定的机会被选入样本。概率抽样包括简单随机抽样、等距抽样(系统抽样)、分层抽样(类型抽样)、整群抽样、二阶及多阶段抽样等。随意抽样属于非概率抽样。

2. CD 【解析】统计行政法规包括《统计法实施条例》《全国人口普查条例》《全国经济普查条例》《全国农业普查条例》《关于统计报表制度的暂行规定》等。《统计执法监督检查办法》《统计调查证管理办法》属于统计规章。

3. BDE 【解析】财务费用指企业为筹集生产经营所需资金而发生的费用,包括应作为期间费用的利息净支出(利息收入减利息支出)、汇兑净损失(汇兑损失减汇兑收益)以及相关手续费等。AC 项,计提的坏账准备金和存货跌价准备金属于管理费用。

4. BCE 【解析】在生产经营活动中需要消耗某些工作物质,而生产这些工作物质需要消耗一定数量的能源,利用这些工作物质就等于间接地消耗能源。此外,这些工作物质的使用能够替代或减少其他能源的消耗。而这些工作物质不属于通常所指的能源之列,通常被称为耗能工质。例如,工业用水、压缩空气、电石、乙炔、氧气等。

5. CDE 【解析】统计具有信息、咨询、监督三大职能。

6. ACE 【解析】工业企业能源消费不包括由仓库发到车间,但在报告期最后一天没有消费的能源,这部分能源应在办理假退料手续后计入库存量;拨到外单位,委托外单位加工用的能源;调出本单位或借给外单位的能源;对于反复循环使用的能源,消费量不得重复计算,如余热、余能的回收利用。

7. ABCE 【解析】除 ABCE 项外,工业生产能源消费还包括为了工业生产活动而在进行的各种修理过程中使用的能源。

8. ABCD 【解析】《统计法》的调整对象为统计活动中形成的社会关系,具体包括政府统计活动的组织实施机关及其工作人员;国家机关、企业事业单位和其他组织、个体工商户、个人等政府统计调查对象。

9. BC 【解析】《统计法》第二十八条规定,统计调查中获得的能够识别或者推断单个统计调查对象身份的资料,任何单位和个人不得对外提供、泄露,不得用于统计以外的目的。

10. ABC 【解析】典型调查、普查、重点调查均属于统计调查方法。

11. ACDE 【解析】《国民经济行业分类》采用线分类法和分层次编码方法,将国民经济行业划分为门类、大类、中类和小类四级。代码由一位拉丁字母和四位阿拉伯数字组成。

12. BDE 【解析】二次能源是指为了满足生产工艺和生活的特定需要以及合理利用能源,将一次能源经加工转换产生的其他种类和形式的能源。如由原煤加工产出的洗煤;由煤炭加工转换产出的焦炭、煤气;由原油加工产出的汽油、煤油、柴油、燃料油、液化石油气、炼厂干气等;由煤炭、石油、天然气转换产出的电力。

13. ABCE 【解析】经批准进行的涉外社会调查,应当在调查问卷、表格或者访谈、观察提纲首页显著位置标明并向调查对象说明下列事项:①涉外调查许可证编号;②调查项目的批准机关、批准文号;③本调查为调查对象自愿接受的调查。

14. CE 【解析】统计标准根据其制定机关和适用范围的不同,分为国家统计标准和部门统计标准。

15. BCD 【解析】国家统计调查项目是指全国性基本情况的统计调查项目,主要有:国民生产总值统计,投入产出统计,资金流量统计,国际收支统计,国民经济账户统计,资产负债统计,基本单位统计,农、林、牧、渔业统计,工业统计,建筑业统计,交通运输、仓储和邮政业统计,批发零售住宿、餐饮业统计,服务业统计,固定资产投资统计,人口与就业统计,城乡住户统计,物价统计,城市基本情况统计,科技统计,进出口统计,景气统计等。

16. BDE 【解析】《统计法》第三十八条规定,县级以上人民政府统计机构在调查统计违法行为或者核查统计数据时,有权采取下列措施:①发出统计检查查询书,向检查对象查询有关事项;②要求检查对象提供有关原始记录和凭证、统计台账、统计调查表、会计资料及其他相关证明和资料;③就与检查有关的事项询问有关人员;④进入检查对象的业务场所和统计数据处理信息系统进行检查、核对;⑤经本机构负责人批准,登记保存检查对象的有关原始记录和凭证、统计台账、统计调查表、会计资料及其他相关证明和资料;⑥对与检查事项有关的情况和资料进行记录、录音、录像、照相和复制。

17. ACD 【解析】《统计法》第四十一条规定,县级以上人民政府统计机构或者有关部门有下列行为之一的,由本级人民政府、上级人民政府统计机构或者本级人民政府统计机构责令改正,予以通报;对负有责任的领导人员和直接责任人员,由任免机关或者监察机关依法给予处分:①未经批准或者备案擅自组织实施统计调查的;②未经批准或者备案擅自变更统计调查制度的内容的;③伪造、篡改统计资料的;④要求统计调查对象或者其他机构、人员提供不真实的统计资料的;⑤未按照统计调查制度的规定报送有关资料的。

18. ACD 【解析】根据我国《行政复议法》和《统计法》的规定,能够引起统计行政复议的范围有如下具体统计行政行为:①行政处罚,包括警告、通报批评、罚款、没收违法所得、没收非法财物等;②行政许可,如对符合法定条件的当事人不颁发或者不在法定期限内颁发涉外调查许可证的行为,对符合法定条件的涉外社会调查项目不予批准或者不在法定期限内予以批准的行为等;③被认为行政侵权的其他行政行为。

19. ABC 【解析】统计法所说的统计,是指各级人民政府、县级以上人民政府统计机构和有关部门组织实施的统计活动。主要是各级人民政府组织实施的统计,国家统计局及其派出的各级调查队和县级以上地方各级人民政府统计机构组织实施的统计,国务院和县级以上地方各级人民政府各部门组织实施的统计。

20. CD 【解析】《统计法实施条例》第二条规定,统计资料能够通过行政记录取得的,不得组织实施调查。通过抽样调查、重点调查能够满足统计需要的,不得组织实施全面调查。

21. BCD 【解析】统计行政规章分为两类:①统计部门规章,即由国务院各部门制定的统计行政规章,目前主要有:国家监察委员会、人力资源社会保障部、国家统计局制定的《统计违法违纪行为处分规定》,国家统计局制定的《部门统计调查项目管理办法》《涉外调查管理办法》《统计执法监督检查办法》《统计调查证管理办法》《统计执法证管理办法》等;②统计地方政府规章,即设区的市的人民政府所制定的统计行政规章。A 项属于统计行政法规;E 项由党中央、国务院作出,属于统计行政法规。

22. BD 【解析】时间序列是指某一现象按时间先后顺序排列而形成的序列。时间序列形式上由反映客观现象的观测值和这些数值所属的时间两个基本要素构成。

23. ABDE 【解析】农业统计范围覆盖我国境内各种经济组织、各个系统的农林牧渔业生产单位和非农行业单位附属的全部农林牧渔业生产活动。军委系统的农业生产(除军马外)也应包括在内,但不包括农业科学试验机构进行的农业生产。

24. ABCD 【解析】农业统计的基本单位是农业生产经营者,包括农业生产经营户和农业生产经营单位。农业生产经营单位是指中华人民共和国境内以从事农业生产经营为主的法人单位和产业活动单位。既包括主营农业的农场、林场、养殖场、农林牧渔业公司、农林牧渔专业及辅助性活动单位、农民专业合作社;也包括国家机关、社会团体、学校、科研单位、工矿企业、村民委员会、居民委员会、基金会等单位附属的农业产业活动单位。

25. AC 【解析】季节指数法有两个缺陷:①如果序列长期趋势特征非常明显时,应用该方法得到结果的准确性会大打折扣;②季节比率的高低受各年数值大小的影响。数值大的年份,对季节比率的影响较大;数值小的年份,对季节比率的影响较小。

26. ABCE 【解析】统计法律是指由全国人大常委会制定的关于统计方面的规范性法律文件,它具有两个鲜明特点:①统计法律所规定的内容是统计工作中的一些根本性问题;②统计法律在统计法律制度中具有最高的法律效力,是制定统计行政法规、地方性统计法规、统计规章、统计规范性文件的依据,统计行政法规、地方性统计法规、统计规章、统计规范性文件均不得与统计法律相抵触。《中华人民共和国统计法》是我国目前的统计法律。国务院是我国最高行政机关。

27. ABE 【解析】重点调查的主要特点是:投入少、调查速度快、所反映的主要情况或基本趋势比较准确。由于上述特点,重点调查的主要作用在于反映调查总体的主要情况或基本趋势。因此,重点调查通常用于不定期的一次性调查,但有时也用于经常性的连续调查。

28. AE 【解析】居民消费价格指数是反映一定时期内消费者所购买的生活消费品价格和服务项目价格的变动趋势和程度的一种相对数。居民消费价格指数也可以用来反应居民购买力,消费价格指数上涨,货币购买力则下降,反之则上升。居民消费价格指数为 105.5% 表示居民消费价格平均上涨 5.5%,由于物价上涨使居民购买力下降 5.5%。

29. ACE 【解析】社会统计的主要内容是公共服务统计,其核心是政府行使公共服务和社会管理职能活动及成效的统计,以及政府公共服务支出统计。主要有教育统计、文化统计、卫生统计、体育统计、社会保障统计、公检法司统计、社会参与统计、妇女儿童发展监测、居民生活统计、环境保护统计等。其他社会力量提供的公共服务资源和公共服务活动也纳入统计范围。

30. CD 【解析】根据居住的状态,住户可以分为家庭居住户和集体居住户。前者指的是以家庭成员关系为主,居住在同一住宅内共同生活的住户;后者指的是相互没有家庭成员关系,居住在同一房间内,不共同分享生活开支,独立生活的住户。

31. ABE 【解析】反映数据离散程度的是方差、标准差和极差。

32. CE 【解析】中位数是数据按照大小排列之后位于中间的那个数(如果样本量为奇

数)，或者中间两个数目的平均(如果样本量为偶数)；众数是数据中出现次数或出现频率最多的数值。中位数和众数是根据标志值在总体中所处的特殊位置来确定的平均数，也称作位置平均数，它们不受数据中极端数值的影响。

33. CE 【解析】参数估计的方法有点估计、区间估计两种。点估计是指用样本统计量的某个取值直接作为总体参数的估计值；区间估计是在点估计的基础上，给出总体参数估计的一个区间范围，该区间通常由样本统计量加减抽样误差得到。

34. ABD 【解析】由样本统计量所形成的概率分布就是抽样分布。一个样本的统计量我们可以观察到，但不能观察到所有可能的统计量值。因此，抽样分布仅仅是一种理论分布，与总体分布不完全相同。抽样分布提供了该统计量长远而稳定的信息，它构成了推断总体参数的理论基础。

35. BD 【解析】恩格尔系数越大，生活水平越低，恩格尔系数越小，生活水平越高。家庭收入增加，则家庭收入中(或总支出中) 用来购买食物的支出则会下降，恩格尔系数越小，即恩格尔系数随着收入的上升而下降。

36. DE 【解析】当总体服从正态分布时，样本均值也服从正态分布。对总体均值进行区间估计时，需要分两种情况：方差已知和方差未知。

37. ABC 【解析】常用的统计分类标准：①统计单位划分；②全国组织机构代码及法人和其他组织统一社会信用代码划分；③统计用区划代码划分；④国民经济行业分类；⑤三次产业划分；⑥城乡划分代码；⑦企业登记注册类型划分；⑧大中小微型企业划分；⑨经济成分划分；⑩统计用产品分类目录。

38. BC 【解析】相关系数与回归系数两者的正负号是一致的，当相关系数和回归系数为正值时，说明两个变量是正相关；当相关系数和回归系数为负值时，两个变量是负相关。

39. ABC 【解析】农业统计的主要内容：反映农业生产条件方面，反映农业生产过程方面，反映农业生产成果方面。

40. BCDE 【解析】居民消费价格指数是就居民购买消费品和服务的价格变化编制物价指数，反映其对应的价格水平变动程度。它还能够：①反映通货膨胀状况；②反映货币购买力变动；③反映对职工实际工资的影响；④用于缩减经济序列；⑤计算商品需求的价格弹性系数。

41. CD 【解析】派氏指数将商品销售量固定在报告期，综合反映了多种商品价格变动而增减的销售额以及由于价格变动而使消费者增减的货币支出额。

42. ABC 【解析】除 ABC 项外，批发、零售企业用于经营销售的能源库存还包括：已销售，但按提货制要求还没有办理完货款结算手续，按送货制要求还没有办理完承运手续的商品；设在外地的仓库和中转仓库中的商品。

43. ADE 【解析】中间投入指常住单位在一定时期内生产过程中消耗和使用的非固定资产货物和服务的价值。计入中间投入的货物和服务必须具备两个条件：①与总产出的计算范围保持一致；②是本期一次性使用的。中间投入不包括购置的固定资产，也不包括固定资产折旧。能够为所有者带来经济利益的研究与开发支出不作为中间投入，而应计入固定资本形成。

44. ACE 【解析】不变价政府消费支出综合利用人均工资指数、居民消费价格指数和固定资产投资价格指数缩减。

45. ABCD 【解析】建筑业是国民经济中专门从事建筑安装工程施工的物质生产部门。其主要活动包括房屋建筑、土木工程建筑、建筑安装、建筑装饰、装修和其他建筑工程作业。

46. ABCE 【解析】D 项,在《统计报表催报通知单》规定的期限内报送了统计资料构成迟报统计资料的统计违法行为。

47. ABD 【解析】收入初次分配过程包括劳动者报酬、生产税净额、财产收入等交易项目。各机构部门向劳动者支付劳动者报酬,形成住户部门的劳动者报酬收入;国内各机构部门缴纳的生产税净额形成广义政府部门的生产税净额收入;财产收入主要包括投资收入和地租。

48. ABCD 【解析】根据法律规范效力的不同,我国现行的统计法律规范主要包括以下五种形式:统计法律、统计行政法规、统计地方性法规、统计行政规章和统计规范性文件。

49. ABE 【解析】申请涉外调查许可证的机构应当具备的条件:①依法成立,具有法人资格;②经营范围或业务范围包含市场调查或者社会调查内容;③具有熟悉国家有关涉外调查管理规定的人员;④具备与所从事涉外调查相适应的调查能力;⑤在申请之日前一年内开展三项以上调查项目,或者调查营业额达到三十万元;⑥有严格、健全的资料保密制度;⑦在最近两年内无重大违法记录。

50. BCD 【解析】《统计法》第十五条规定,统计调查项目的审批机关应当对调查项目的必要性、可行性、科学性进行审查,即统计调查项目审批的原则为必要性原则、可行性原则、科学性原则。

51. ABC 【解析】《统计违法违纪行为处分规定》中要求,有统计违法违纪行为的单位,其负有责任的领导人员和直接责任人员,以及有统计违法违纪行为的个人,应当承担纪律责任。属于下列人员的,由任免机关或者监察机关按照管理权限依法给予统计行政处分:①行政机关公务员;②法律、法规授权的具有公共事务管理职能的事业单位中经批准参照《中华人民共和国公务员法》管理的工作人员;③行政机关依法委托的组织中除工勤人员以外的工作人员;④企业事业单位、社会团体中由行政机关任命的人员。

52. BE 【解析】《统计法》第三条规定,国家建立集中统一的统计系统,实行统一领导、分级负责的统计管理体制。国家统计局是国务院直属机构,负责组织领导和协调全国统计工作。

53. ABDE 【解析】固定资产投资是指建造和购置固定资产的经济活动,即固定资产再生产活动。固定资产再生产过程包括固定资产新建、改建、扩建、更新等活动。凡属于大修理、养护、维护性质的工程都不作为固定资产投资管理。固定资产投资属于实物投资,区别于金融投资。

54. CDE 【解析】核算价格主要有基本价格、生产者价格和购买者价格三种价格。基本价格是生产者生产的单位货物和服务向购买者出售时获得的价值,减去其应付所有的税,加上其应收补贴。生产者价格是生产者生产的单位货物和服务向购买者出售时获得的价值,减去开给购买者发票上的增值税或类似可抵扣税。该价格不包括货物离开生产单位后所发生的运输费用和商业费用。购买者价格是购买者购买单位货物和服务所支付的价值。三者之间的关系是:生产者价格=基本价格+产品税(不包括增值税)-产品补贴。

55. ABCDE 【解析】一个完整的调查方案包括调查目的、调查对象和调查单位、调查表、调查方法和组织方式、调查经费预算,五个部分内容均应涉及,不能有遗漏,否则就是不完整的。

56. BCD 【解析】目前我国不变价国内生产总值生产核算,农林牧渔业采用的是双缩法,交通运输、仓储和邮政业采用的是单外推法,其他行业都是单缩法。

57. BE 【解析】营业利润指企业从事生产经营活动所取得的利润。营业利润为营业收入减去营业成本、税金及附加、销售费用、管理费用、财务费用、资产减值损失,再加上公允价值变动收益、投资收益和其他收益后的金额。

58. ABCD 【解析】工业主要统计指标包括工业总产值、工业销售产值、工业出口交货值、工业产品生产量、工业产品库存量、工业产品销售量、企业自用量及其他、工业产品生产能力、产品生产能力利用率。

59. ABCE 【解析】D 项,当数据为偏态分布,特别是偏斜程度较大时,可以考虑选择中位数和众数,这时它们的代表性要比平均数好。

60. ABCDE 【解析】我国统计法的基本原则:统一统计原则、独立统计原则、科学统计原则、规范统计原则、如实统计原则、公共统计原则、诚信统计原则、国家统计优先原则、统计违法必惩原则。

61. ABCDE 【解析】分省住户调查样本的抽选,以省为总体,综合采用分层、多阶段、与人口规模大小成比例(PPS 方法)和随机等距抽样相结合的方法抽选住宅,抽中住宅内的住户即为调查样本。

62. AC 【解析】能源消费量的统计的原则是:谁消费、谁统计;何时投入使用,何时计算消费量;消费量只能计算一次;耗能工质(如水、氧气、压缩空气等),不论是外购的还是自产自用的,均不统计在能源消费量中;企业自产的能源,作为企业生产另一种产品的原材料或燃料,又分别计算产量的,消费量要统计,在这种情况下,如果燃料油不计算产量,那么作为中间产的燃料油也不计算消费量。

63. AE 【解析】组距=(最大值-最小值)/组数=全距/组数,所以组距大小与全距的大小成正比,与组数多少成反比。

64. ABC 【解析】根据企业的生产经营活动性质,企业库存量分为生产企业产成品库存、经销企业(批发、零售企业)用于经营销售的库存、使用企业用于消费的库存。

65. ABCE 【解析】统计量是用来描述样本特征的概括性数字度量,它是根据样本数据计算出来的一些量,是样本的函数;由于抽样的随机性,它又是一个随机变量,且不依赖于任何未知参数;在估计总体参数时可以采用不同的估计方法,从而得到多个不同的样本统计量作为总体参数的估计量;在样本抽取出来以后,样本值就是已经观察到的值,这个样本的统计量就是已知的,构成统计量的函数中不能包含未知因素。

66. ACE 【解析】在假设检验中,当作出拒绝原假设而接受备择假设的结论时,样本统计值必然落入拒绝域中,即有充足的理由否定原假设;但是这个拒绝可能是错误的,即犯了弃真错误,犯错误的概率不超过 α;换言之,就是在 H_0 为真的假设下发生了小概率事件。

67. ABC 【解析】平均增长速度=平均发展速度-1,因此可以计算出平均增长速度。总发展速度$=\frac{最末水平}{最初水平}$,已知最末水平及总发展速度,据此可计算出最初水平。累积增长量=最末

水平 - 最初水平。由平均发展速度及最初水平与最末水平,根据公式 $\bar{x}=\sqrt[n]{\frac{y_n}{y_0}}$,可计算出时间序列的项数,而平均增长量 $=\frac{\text{累增量}}{\text{序列}-1}$,据此可计算出平均增长量。

68. ABCE 【解析】机构单位是指有权拥有资产和承担负债,能够独立地从事经济活动并与其他实体进行交易的经济实体。机构单位具有以下基本特点:①有权独立拥有货物和资产,能够与其他机构单位交换货物或资产的所有权;②能够作出直接负有法律责任的经济决定和从事相应的经济活动;③能以自己的名义承担负债、其他义务或未来的承诺,并能签订契约;④能够编制出包括资产负债表在内的一套在经济和法律上有意义的完整账户。

69. BCE 【解析】工资性收入指就业人员通过各种途径得到的全部劳动报酬和各种福利,包括受雇于单位或个人,从事各种自由职业、兼职和零星劳动得到的全部劳动报酬和福利。包括工资、实物福利及除工资以外的其他现金劳动报酬和各种社会保障费。

70. ACD 【解析】流动资产是指企业可以在一年内或者超过一年的一个营业周期内变现或耗用的资产,主要包括现金、银行存款、短期投资、应收及预付款项、待摊费用、存货等。B 项属于流动负债;E 项属于长期负债。

71. ABCD 【解析】国民经济核算体系把所有常住机构单位划分为五个机构部门,即非金融企业部门、金融机构部门、广义政府部门、为住户服务的非营利机构部门(NPISH)和住户部门。

72. ABD 【解析】非全面调查是指调查范围只包括调查对象中一部分单位的调查,即对总体的部分单位进行登记或观察。非全面调查包括非全面统计报表、重点调查、典型调查、抽样调查等。CE 项属于全面调查。

73. ACDE 【解析】我国统计工作实行统一领导、分级负责的管理体制,其中统一领导体现在以下几个方面:①国家统计局统一组织领导和协调全国统计工作;②垂直管理国家统计局各级调查队;③统一领导统计调查业务;④统一指导部门统计业务;⑤统一组织管理全国统计工作的监督检查。

74. ABCE 【解析】《统计法》规定,地方人民政府统计机构,依法管理、开展统计工作,实施统计调查。法律法规授予地方统计机构的职责职权:①依法管理统计工作;②完成国家统计调查任务,执行国家统计调查项目的统计调查制度;③组织实施地方统计调查;④管理地方政府统计调查项目及其制度;⑤按照国家有关规定,定期公布其组织实施统计调查所取得的统计资料,经上级统计机构授权公布上级统计机构组织实施的统计调查取得的统计资料;⑥开展统计分析,对本地区经济社会发展及运行情况进行剖析,提出有针对性的政策建议和咨询意见;⑦实施统计监督,监测本地区经济社会发展运行情况,审核下级统计机构及其调查对象报送或提供统计数据的质量;⑧建立健全本地区统计信息共享机制,实现统计机构和有关部门共享政府统计调查取得的资料等。

75. ABDE 【解析】农业统计主要指标分为三类:①农业生产条件,包括乡村户数、乡村人口和农用化肥施用量(折纯);②农产品产量,包括谷物产量,薯类产量,豆类产量,经济作物产量、猪、牛、羊肉产量和猪、牛、羊期末存栏等;③农业产出核算,包括农林牧渔业总产值、农林牧渔业增加值、农林牧渔业中间消耗和农产品生产者价格指数。

76. ABDE 【解析】根据法律规范效力的不同,我国现行的统计法律规范主要包括以下五种形式:统计法律、统计行政法规、地方性统计法规、统计行政规章和统计规范性文件。

77. ABE 【解析】工业总产值计算应遵循以下原则:①工业生产的原则,即凡是企业在报告期内生产的最终产品和提供的劳务,均应包括在内;②最终产品的原则,即企业生产的成品价值必须是本企业生产的,经检验合格不需再进行任何加工的最终产品;③“工厂法”原则,即以法人工业企业作为一个整体计算工业总产值,是其报告期内生产的最终产品和提供劳务的总价值量。

78. BCD 【解析】统计单位是指我国境内除住户以外拥有一定活动场所并从事一定生产活动的社会经济单位。我国的统计单位按其作用和性质的不同划分为三种:法人单位、产业活动单位和个体经营户。

79. ABC 【解析】资产一般按流动性(资产的变现或耗用时间长短)分为流动资产和非流动资产。其中,流动资产可分为货币资金、交易性金融资产、应收票据、应收账款、预付款项、其他应收款、存货等;非流动资产可分为长期股权投资、固定资产、无形资产及其他非流动资产等。D 项属于所有者权益;E 项属于负债。

80. BCDE 【解析】经济普查数据被政府、部门(行业协会)、研究机构和企业广泛运用于修订 GDP、预测经济形势、制定公共政策、开展市场分析、进行生产和投资决策等各个方面。

81. ABCDE 【解析】《统计执法监督检查办法》第十条规定,统计执法监督检查机构和执法检查人员的主要职责:①起草制定统计法律法规规章和规范性文件;②宣传、贯彻统计法律法规规章;③组织、指导、监督、管理统计执法监督检查工作;④依法查处统计违法行为,防范和惩治统计造假、弄虚作假;⑤组织实施统计执法“双随机”抽查,受理、办理、督办统计违法举报;⑥建立完善统计信用制度,建立实施对统计造假、弄虚作假的联合惩戒机制;⑦监督查处涉外统计调查活动和民间统计调查活动中的违法行为;⑧法律、法规和规章规定的其他职责。

82. ABDE 【解析】房地产业由房地产开发经营、物业管理、房地产中介服务、房地产租赁经营和其他房地产业组成。其中,房地产开发经营是指房地产企业进行的房屋、基础设施建设等开发,以及转让房地产开发项目或者销售房屋等活动。

83. AD 【解析】统计行政法律责任的形式主要是统计行政处罚和统计行政处分。

84. BCDE 【解析】统计行政复议的程序,是通过统计行政复议解决统计行政争议的过程中所遵循的方式和步骤。它包括五个环节:统计行政复议的申请、受理、审查、决定和执行。

85. ACD 【解析】统计调查方法中导致系统性误差的方法设计缺陷的有调查范围覆盖不全、抽样调查样本数量不足、样本轮换不及时等方法。

86. BDE 【解析】工业企业生产设备普查中,每一个工业企业是填报单位,工业企业的所有生产设备是调查对象,工业企业的每一台生产设备是调查单位。

87. CDE 【解析】相对指标是通过两个有联系的统计指标对比而得到的。A 项,男性人口数属于绝对指标。B 项,单位成本反映的是成本在某一空间或时间上的平均数量状况,为平均指标。C 项,消费率指一个国家或地区在一定时期内(通常为 1 年)的最终消费占当年 GDP 的比率,是相对指标。D 项,人口密度是单位面积土地上居住的人口数,是相对指标。E 项,产业比重是在对全部产业分组的基础上,以总量作为比较标准,求各产业占总量的比重,来反映产业内部组成情况,属于相对指标。

88. BC 【解析】能源按技术开发程度划分,能源可分为传统能源(常规能源)和新能源(非常规能源)。

89. BCD 【解析】综合表指标是统计需求的概念化和具体化,具有数量性、综合性和具体性。数量性意味着统计指标反映的是客观现象的量,而且是一定可以用数字来表现的,不存在不能用数字表现的统计指标。综合性意味着统计指标说明的对象是总体而不是个体,它是许多同类个体现象的数量综合的结果。具体性意味着统计指标不是抽象的数字和概念,它总是一定的具体的社会经济现象的量的反映。

90. BCDE 【解析】经常转移包括扣除资本转移之外的所有转移,其形式有收入税、社会保险付款、社会补助和其他经常转移。A 项,投资性补助属于资本转移。

91. ABCE 【解析】社会消费品零售总额的统计方法采用全面调查和抽样调查相结合,兼有科学推算的方法。

92. ABCDE 【解析】查处统计违法案件应当做到事实清楚,证据确凿,定性准确,处理恰当,适用法律正确,符合法定程序。

93. ABCE 【解析】《中华人民共和国统计法》规定,统计的基本任务是对经济社会发展情况进行统计调查、统计分析,提供统计资料和统计咨询意见,实行统计监督。

94. AB 【解析】工业主要统计指标包括工业总产值、工业销售产值、工业出口交货值、工业产品生产量、工业产品库存量、工业产品销售量、企业自用量及其他、工业产品生产能力、产品生产能力利用率。

95. ABCD 【解析】按照法律法规规定,统计机构、统计人员的统计调查权包括:布置统计调查任务;询问权;审核权;要求权。

96. ACDE 【解析】工业销售产值内容包括两个方面:①销售成品价值,是指企业在报告期内实际销售(包括本企业本期生产和非本期生产)的全部成品、半成品的总价值,销售成品价值中包括为企业生产的自制设备及提供给本企业在建工程、其他非工业部门和生活福利部门等单位使用的成品价值,但不包括用订货者来料加工,并且只收取加工费的成品(半成品)价值;②对外加工费收入,是指企业在报告期内完成的对外承接的工业品加工的加工费收入,对外工业品修理作业可收取的加工费收入和对内非工业部门提供的加工修理、设备安装等收入。

97. BCE 【解析】分类变量是只能反映现象分类特征的变量,分类变量的观察结果就是分类数据。分类数据只能用来区分事物,而不能用来表明事物之间的大小、优劣关系。由于分类变量没有数值特征,所以不能对其数据进行数学运算;顺序变量不仅能用来区分客观现象的不同类别,而且还可以表明现象之间的大小、高低、优劣关系,顺序数据的功能比分类数据要强一些;数值型数据都是以数值的形式出现的,可以计算均值等,其计量功能远大于分类数据和顺序性数据。

98. ABC 【解析】平均数为 90,众数为 80,中位数为 85,极差为 70,方差为 560。

99. ABE 【解析】计算和应用平均数时,受数据中极端数值影响的平均数是调和平均数、几何平均数和算术平均数。

100. ACD 【解析】定性数据常用的图示方法有饼图、条形图和环形图。适用于定性数据的图示表示方法,也都适用于定量数据。但定量数据还有一些特定的图示方法,它们并不适用于定性数据,如直方图、折线图和散点图。

101. ABC 【解析】总体,又称全及总体、母体,指所要研究对象的全体,由许多客观存在的具有某种共同性质的单位构成。总体单位数用 N 表示。样本,又称子样,来自总体,是从总体中按随机原则抽选出来的部分,由抽选的单位构成。样本单位数用 n 表示。样本个数又称样本可能数目,指从一个总体中所可能抽取的样本的,用 A 表示。当 N 和 n 一定时,A 的多少与抽样方法有关。

102. AB 【解析】A 项,样本均值为 $\bar{x}=\frac{\sum_{i=1}^{n}x_i}{n}$,标准差 $\sigma^2=\frac{\sum(x-\bar{x})}{n}$,离散系数为 $\frac{\sigma}{\bar{x}}=\frac{\sqrt{n\sum_{i=1}^{n}(x_i-\bar{x})}}{\sum_{i=1}^{n}x_i}$,所以样本的离散程度受样本量的影响,进而会影响样本的代表性。B 项,样本均值的标准误差为 $\frac{\sigma}{\sqrt{n}}$,所以会受到样本量的影响,CDE 项,系统误差、总体差异和置信度不受样本量影响。

103. ABC 【解析】工业统计包括采矿业,制造业以及电力、热力、燃气及水生产和供应业的统计。工业统计调查单位包括工业法人单位和工业个体经营单位,主要分为三类:①规模以上,即年主营业务收入 2 000 万元及以上的工业法人单位;②规模以下,即年主营业务收入 2 000 万元以下的工业法人单位;③全部工业个体经营单位。工业统计根据其统计内容和统计调查对象的不同而采用不同的方法,对规模以上工业统计调查单位采用联网直报的方法逐个收集资料;对规模以下工业统计调查单位和全部个体经营工业单位,采用抽样调查的方法收集样本数据,进行科学推算。工业企业工业总产值是按现行价格计算的。

104. BE 【解析】在假设检验中,拒绝正确零假设的错误称为第一类错误,犯第一类错误的概率记为 α,称其为显著性水平,也称弃真概率。

105. CE 【解析】在统计假设检验中,检验的类型分为双侧检验和单侧检验。双侧检验的临界值有两个,一个为正值,一个为负值,它们的绝对值相等;单侧检验分为右侧检验和左侧检验,右侧检验的临界值仅有一个,为正值,左侧检验的临界值也只有一个,但为负值。

106. ABCD 【解析】县级以上人民政府统计机构及其统计人员独立行使的职权包括:统计调查权、统计报告权、统计检查权、行政惩戒权、处分建议权。

107. BC 【解析】假设检验可以通过两种方法检验是否接受原假设:①由样本资料计算检验统计量的值,并将其与临界值进行比较,对接受或拒绝原假设作出判断;②P 值检验原理。如果 P 值小于等于 α,可以拒绝原假设,如果 P 值大于 α,就不能拒绝原假设。

108. ABDE 【解析】A 项,累积增长量的基期不变,逐期增长量以上一期为基期。BC 项,逐期增长量之和等于相应的累积增长量,但相邻两个逐期增长量之差不等于累计增长量。DE 项,平均增长量是某种社会经济现象在一定时期内平均每期增长(或减少)的绝对数量,累计增长量和各期增长量都可以用来计算平均增长量。

109. AE 【解析】因股票市场上股票交易品种繁多,所以在计算股价平均数和股票价格指数时,不是对所有的股票进行计算,而只能就样本股票来计算,但所选择的样本股票必须具有代表性和敏感性。代表性是指在种类繁多的股票中,既要选择不同行业的股票,又要选择能代表该行业股价变动趋势的股票;敏感性是指样本股票价格的变动能敏感地反映出整个股市价格的升降变化趋势。

110. AE 【解析】假设检验的基本思想是反证法思想和小概率事件原理。反证法的思想是首先提出假设,然后用适当的统计方法确定假设成立的可能性大小,如果可能性小,则认为假设不成立,拒绝它;如果可能性大,还不能认为它不成立。小概率事件原理,是指小概率事件在一次随机试验中几乎不可能发生,小概率事件发生的概率一般称之为"显著性水平"或"检验水平"。

111. ABDE 【解析】《统计法实施条例》第五十四条规定,对违法从事涉外统计调查活动的单位、个人,由国家统计局或者省级人民政府统计机构责令改正或者责令停止调查,有违法所得的,没收违法所得;违法所得50万元以上的,并处违法所得1倍以上3倍以下的罚款;违法所得不足50万元或者没有违法所得的,处200万元以下的罚款;情节严重的,暂停或者取消涉外统计调查资格,撤销涉外社会调查项目批准决定;构成犯罪的,依法追究刑事责任。

112. BCDE 【解析】A项,只有当"拒绝提供统计资料或者经催报后仍未按时提供统计资料"时,可处10 000元以下的罚款。

113. ABD 【解析】农业统计的范围是全部农业生产经营户。农业统计的基本单位是农业经营者,包括农业经营户;农业经营单位,农业经营单位又包括农业法人单位、农业产业活动单位。

114. ACD 【解析】B项,统计行政法律责任主要包括统计行政处罚、行政处分两种形式。统计行政处罚,是指各级统计行政机关依法对违反统计法律规范的行为给予的处罚。它是统计法律责任制度的重要组成部分;行政处分,是行政机关对本机关违法的工作人员,或行政监察机关对行政系统的机关内部的工作人员施行的制裁措施。统计行政处罚并不属于行政处分的范畴。E项,被处罚的行为只是一般统计行政违法行为。也就是说这些行为都是未构成犯罪的行为。

115. BD 【解析】根据《统计法》第五十二条第二款和《统计法实施条例》第五十二条规定,统计行政许可项目有两项:涉外调查机构资格认定和涉外社会调查项目审批。

116. ACE 【解析】社会统计主要有教育统计、文化统计、卫生统计、体育统计、社会保障统计、公检法司统计、社会参与统计、妇女儿童发展监测、居民生活统计、环境保护统计等。

117. ABCDE 【解析】统计机构是完成统计任务的组织保障,是指从事统计调查、统计数据加工整理、统计分析预测、统计信息咨询和统计协调管理等活动的组织。

118. ACDE 【解析】调查单位从业人员不包括离开本单位仍保留劳动关系,并定期领取生活费的人员;在本单位实习的各类在校学生;本单位因劳务外包而使用的人员,如建筑业整建制使用的人员。

119. ACE 【解析】《统计法》明确规定了领导干部的"四个不得",即地方各级人民政府、县级以上人民政府统计机构和有关部门以及各单位的负责人,不得自行修改统计机构和统计人员依法搜集、整理的统计资料,不得以任何方式要求统计机构、统计人员及其他机构、人员伪造、篡改统计资料,不得明示、暗示下级单位及其人员或者统计调查对象填报虚假统计数据,不得对依法履行职责或者拒绝、抵制统计违法行为的单位和个人打击报复。

120. BCDE 【解析】绘制箱线图的一组数据的5个特征值有:最大值、最小值、中位数、两个四分位数。

121. AB 【解析】《行政处罚法》第九条规定的行政处罚种类有六种:①警告、通报批评;②罚款、没收违法所得、没收非法财物;③暂扣许可证件、降低资质等级、吊销许可证件;④限制开展生产经营活动、责令停产停业、责令关闭、限制从业;⑤行政拘留;⑥法律、行政法规规定的其他行政处罚。根据这一规定,结合统计法律、法规及规章的有关规定,我国统计行政处罚的种类有:警告、通报批评、罚款和没收违法所得。

122. ACD 【解析】统计行政复议,原则上采取书面审查的办法,但是若申请人提出要求或者复议机关负责法制工作的机构认为有必要时,也可以向有关组织和人员调查情况,听取申请人、被申请人和第三人的意见;在审查范围上,复议机关既不受复议申请人复议请求范围的限制,也不受原具体统计行政行为内容范围的限制,而应以全面审查为原则。

123. ABCDE 【解析】根据《统计法》相关规定,作为统计调查对象的国家机关、企业事业单位或者其他组织以及个体工商户的统计违法行为包括拒绝提供统计资料或者经催报后仍未按时提供统计资料;提供不真实或者不完整的统计资料;拒绝答复或者不如实答复统计检查查询书;拒绝、阻碍统计调查、统计检查;转移、隐匿、篡改、毁弃或者拒绝提供原始记录和凭证、统计台账、统计调查表及其他相关证明和资料;迟报统计资料或者未按照国家有关规定设置原始记录、统计台账等。

124. BC 【解析】A项,平均数易受极端值的影响,而题中该高校学生上网时间差异很大,因此不宜采用。BC两项,中位数、众数二者是位置代表值,均不受极端值影响。DE两项,极差和离散系数是对数据离散程度的度量,不能反映学生上网时间的平均水平。

125. BCD 【解析】《统计法》作为规范统计活动的法律规范,与其他法律规范相比,具有以下两个特点:①调整对象具有特殊性和复杂性;②规范的内容具有专业性。

126. ABCD 【解析】县级以上人民政府统计机构应当畅通统计违法举报渠道,公布统计违法举报电话、通信地址、网络专栏、电子邮箱等,认真受理、核实、办理统计违法举报。

127. ADE 【解析】拉氏指数主要受基期商品(产品)结构的影响,派氏指数主要受报告期商品(产品)结构的影响。在实际应用中,由于派氏指数要求每期更换权数资料,计算比较麻烦,而拉氏指数的权数固定在基期,在编制长期连续性的指数数列时比较方便。因此,拉氏指数更得到普遍的应用。但是从实际意义上看,派氏物量指数的解释更符合现实意义。

128. ABCE 【解析】统计法规定,统计调查表应当标明表号、制定机关、批准或者备案文号、有效期限等标志。未标明上述标志或者超过有效期限的统计调查表,统计调查对象有权拒绝填报;县级以上人民政府统计机构应当依法责令停止有关统计调查活动。

129. ABDE 【解析】众数就是数据中出现次数或出现频率最多的数值,可能不唯一,也可能不存在。由于分类数据通常记录某一类别出现的次数,所以众数主要适用于分类数据。

130. BCE 【解析】指数按其反映对象范围的不同,分为个体指数和综合指数。个体指数是表明某单一要素构成现象变动的相对数;综合指数是表明多种要素构成现象的综合变动的相对数。指数按其所表明的经济指标性质的不同,分为数量指数和质量指数。数量指数也称物量指数,是表明总体单位数量、规模等数量变动的相对数;质量指数是表明总体单位水平、工作质量等质量变动的相对数。鲜菜价格指数包含所有鲜菜的价格,因而既属于综合指数,又属于物价指数,即质量指数,可以综合反映鲜菜价格的变动情况。

131. ADE 【解析】《关于划分企业登记注册类型的规定》将企业登记注册类型具体划分为:内资企业,港、澳、台商投资企业和外商投资企业。

132. ABC 【解析】判断相关关系的方法:①相关表,对于两个变量 x 和 y,通过观察或实验,可以得到其若干组数据,记为 $(x_i, y_i)\ i=(1,2,\cdots,n)$,将这些数据按 x 值由大到小(或由小到大)以序列表表示,通过相关表可以粗略地看出两个变量之间存在着相关关系;②相关图又称散点图,它是把相关表中的原始对应数值在平面直角坐标系中用坐标点描绘出来的图形。D 项,相关系数用于相关关系的测定。

133. ABDE 【解析】统计行政处罚作为一种具体的统计行政行为,具有以下四个特点:①实施统计行政处罚的主体一般来说只能是县级以上人民政府统计机构;②被处罚的行为是违反统计法律规范的行为,即统计行政处罚的作出是以统计行政管理相对人的统计违法行为为前提的;③统计行政处罚属于行政责任范畴,只适用于统计行政违法,不适用于民事违法和统计犯罪,不同于民事处罚和刑事处罚;④被处罚的对象是实施了统计违法行为的统计行政管理相对人。

134. ABE 【解析】《涉外调查管理办法》第十条规定,国家统计局和省、自治区、直辖市人民政府统计机构负责对申请涉外调查许可证的机构进行资格认定。第十四条规定,申请涉外调查许可的机构,调查范围跨省、自治区、直辖市行政区域的,向国家统计局提出;调查范围限于省、自治区、直辖市行政区域内的,向所在省、自治区、直辖市人民政府统计机构提出。

135. ACDE 【解析】现行的国家统计制度规定,固定资产投资统计范围包括:固定资产项目投资、房地产开发投资、农村农户投资、小微企业投资。

判断题

1. × 【解析】统计资料的审核、签署人员应当对其审核、签署的统计资料的真实性、准确性和完整性负责；统计人员应当坚持实事求是，恪守职业道德，对其负责搜集、审核、录入的统计资料与统计调查对象报送的统计资料的一致性负责。

2. × 【解析】重点调查是在调查对象中选择一部分重点单位进行的一种非全面调查，属于非概率抽样。

3. √ 【解析】统计法律具有两个鲜明特点：①统计法律所规定的内容是统计工作中的一些根本性问题；②统计法律在统计法律制度中具有最高的法律效力，是制定统计行政法规、地方性统计法规、统计规章、统计规范性文件的依据。统计行政法规、地方性统计法规及统计规章、统计规范性文件均不得与统计法律相抵触。

4. × 【解析】根据我国法律的有关规定，省、自治区、直辖市人民代表大会及其常委会在不与宪法、法律、行政法规相抵触的前提下，可以制定地方性法规；设区的市的人民代表大会及其常委会根据本市的具体情况和实际需要，在不与宪法、法律、行政法规和本省、自治区的地方性法规相抵触的前提下可以制定地方性法规，即统计地方性法规不得与统计法律、统计行政法规相抵触。

5. × 【解析】《统计法》第十一条规定，统计机构和统计人员对在统计工作中知悉的国家秘密、工作秘密、商业秘密、个人隐私和个人信息，应当予以保密，不得泄露或者向他人非法提供。

6. √ 【解析】统计调查制度一经批准或者备案即产生法律效力，统计调查应当按照依法经批准或者备案的统计调查制度组织实施。

7. × 【解析】统计调查项目的审批原则包括必要性原则、可行性原则和科学性原则。其中必要性原则主要审查该统计调查项目与其他统计调查项目是否重复；该统计调查项目需要的数据资料能否通过已有的行政记录加工获得等。题中所陈述的是统计调查项目的可行性原则。

8. √ 【解析】《行政复议法》第七十五条第二款规定，行政复议决定书一经送达，即发生法律效力。第七十七条第二款规定，被申请人不履行或者无正当理由拖延履行行政复议决定书、调解书、意见书的，行政复议机关或者有关上级行政机关应当责令其限期履行。

9. × 【解析】对县级以上地方各级人民政府统计机构和其他行政机关以共同的名义作出的具体行政行为不服的，其复议管辖权归属于它们的共同上一级行政机关，一般为本级人民政府。

10. × 【解析】统计行政诉讼中的原告，应当是认为统计行政执法机关的具体行政行为侵犯其合法权益的公民、法人或者其他组织。

11. √ 【解析】对国家统计局派出的其他调查机构作出的行政处罚决定不服的，向国家统计局在该派出机构所在的省、自治区、直辖市派出的调查机构申请行政复议。

12. × 【解析】统计法调整对象的特殊性是与其他部门法相比而言的，这也是统计法之所以区别于其他部门法的根本所在。

13. √ 【解析】对企业经济成分的推算,是以企业资本金的构成资料为依据,按各投资主体投入的资本所占的比例来确认各种经济成分所占的份额,并以此推算有关经济指标的经济成分构成。在推算企业的经济成分时是根据企业实收资本中的国家资本、集体资本、个人资本、港澳台资本和外商资本确定的。

14. √ 【解析】调查对象负担过重会直接影响调查对象的配合度,填报数据的差错率也会上升,从而影响到统计数据质量。因此,统计机构应将效益最大化作为首要目标,完善调查内容,改进调查方法,尽量使调查内容与台账、原始记录等数据衔接,避免基层统计人员和调查对象对调查指标的加工和计算,提高源头数据质量,减轻调查负担。

15. × 【解析】划分企业类型时,大型、中型和小型企业须同时满足所列指标的下限,否则下划一档;微型企业只需满足所列指标中的一项即可。

16. √ 【解析】工业总产值是指工业企业在报告期内生产的以货币形式表现的工业最终产品和提供工业劳务活动的总价值量。工业总产值计算应遵循以下原则:①工业生产的原则;②最终产品的原则,即企业生产的成品价值必须是本企业生产的,经检验合格不需再进行任何加工的最终产品,企业对外销售的半成品也应视为最终产品计入工业总产值,而在本企业内各车间转移的半成品和在制品只能计算其期末期初差额价值;③"工厂法"原则。

17. √ 【解析】工业销售产值是指以货币形式表现的,工业企业在报告期内销售的本企业生产的工业产品或提供工业性劳务价值的总价值量,包括销售成品价值和对外加工费收入。工业总产值是指工业企业在报告期内生产的以货币形式表现的工业最终产品和提供工业劳务活动的总价值量,包括生产的成品价值、对外加工费收入、自制半成品在制品期末期初差额价值。

18. √ 【解析】实验法不仅是一种搜集数据的方式,也是一种重要的研究方式。它是通过有意识地改变或控制某些输入变量,观察其他输出变量的变化,从而达到对事物本质或相互联系的认识。

19. √ 【解析】薯类(包括甘薯和马铃薯,不包括芋头和木薯)1963 年以前按每 4 公斤鲜薯折 1 公斤粮食计算,从 1964 年开始改为按 5 公斤鲜薯折 1 公斤粮食计算。

20. √ 【解析】投资回收率,也称投资利税率,是投资回收年限的逆指标,是建设项目(或单项工程)建成投产后年平均利税额与建设项目(或单项工程)全部固定资产投资额的比率。

21. × 【解析】人口自然增加数是当期的出生人口减去死亡人口的净额。

22. √ 【解析】不论统计调查还是实验,所搜集到的数据都是原始数据,这是统计数据最基本的来源。

23. × 【解析】燃料热值有高位热值与低位热值两种,我国是按低位热值换算的。

24. × 【解析】人口自然增长率是指一定时期人口自然增加数与当期平均人口数之比,一般用"%"表示。

25. × 【解析】股票价格指数的计算方法很多,但一般以发行量为权数进行加权综合。

26. √ 【解析】住户调查对象为中华人民共和国境内的住户,既包括城镇住户,也包括农村住户;既包括家庭居住户,也包括集体居住户。无论户口性质和户口登记地,中国公民均以住户为单位,在常住地参加本调查,故由涉外婚姻组成的家庭也是住户调查的对象。

27. × 【解析】《统计法》第七条第一款规定,统计机构和统计人员依照本法规定独立行使统计调查、统计报告、统计监督的职权，不受侵犯。统计机构和统计人员要接受监督。

28. √ 【解析】统计报表是按照国家统一规定的调查要求与文件(指标、表格形式、计算方法等)，自上而下地统一布置、自下而上地逐级提供基本统计资料的一种调查方式。

29. √ 【解析】目前国家周期性调查制度主要有人口普查制度、农业普查制度、经济普查制度、投入产出调查制度和1%人口抽样调查制度。

30. × 【解析】农业统计的范围是农业、林业、畜牧业、渔业和农林牧渔专业及辅助性活动。《三次产业划分规定》划分的第一产业包括农、林、牧、渔业(不含农、林、牧、渔专业及辅助性活动)。

31. × 【解析】“住户”与“家庭”概念不同，是指居住在一个住宅内，共同分享生活开支或收入的一群人。住户成员之间可以是有亲属关系的，也可以是没有亲属关系的。

32. √ 【解析】气泡图是可用于展示三个变量之间的关系的图形。

33. √ 【解析】方差是将各个变量值与其均值离差平方的平均数，作为样本数据，它反映了样本中各个观测值到其均值的平均离散程度。标准差是方差的平方根，在一个统计样本中，标准差越大，说明它的各个观测值分布得越分散，平均值的代表性越小。

34. × 【解析】能够对统计总体进行分组，是由统计总体中各个单位所具有的差异性特点决定的。

35. × 【解析】农业普查每10年进行一次，在逢6的年份实施。

36. √ 【解析】在确定组距时，当研究的现象变动比较均匀时，可以采用等距分组；而当研究的现象变动很不均匀时，如急剧的增长或急剧的下降，波动的幅度很大时，为了避免出现各组频数过于不平衡的情况，一般采用不等距分组。

37. × 【解析】抽样误差是指由于抽样的随机性而带来的偶然的代表性误差。由于错误判断事实或者登记事实而发生的误差属于非抽样误差。

38. √ 【解析】在假设检验中，拒绝域是在检验假设的基础上，根据检验统计量的临界值来确定的，所以其大小必然与显著性水平有关。当样本量固定时，拒绝域随 α 的减小而减小。

39. √ 【解析】假设检验依据的是小概率原理，小概率标准在抽样前依照需要来确定。

40. √ 【解析】国家统计局各级调查队是国家统计局的派出机构，国家统计局对各级调查队实行垂直管理。

41. × 【解析】工资总额不论是计入成本的还是不计入成本的，不论是以货币形式支付的还是以实物形式支付的，均应列入工资总额的计算范围。

42. √ 【解析】国际收支平衡表包括经常账户、资本和金融账户、净误差与遗漏。

43. √ 【解析】在统计工作实践中，统计管理体制突出表现为“集中统一领导”和“分级分部门负责”两大特性。

44. × 【解析】房地产开发投资是全社会固定资产投资的重要组成部分。为防止重复统计，在把房地产开发纳入固定资产投资统计之后，各企事业、行政单位和城乡居民购买商品房屋的支出不再纳入固定资产投资的统计范围。

45. × 【解析】统计标准根据其制定机关和适用范围的不同分为两种：①国家统计标准，由国家统计局或者由国家统计局和国务院标准化主管部门共同制定，在全国范围内强制执行；

②部门统计标准,由国务院其他有关部门根据本部门统计工作的需要,在国家统计标准的基础上补充制定,不得与国家统计标准相抵触,地方各级政府统计机构不得制定统计标准。

46. × 【解析】法人单位和产业活动单位之间存在一种隶属关系,即产业活动单位接受法人单位的管理和控制。

47. × 【解析】1977 年以后,尤其是党的十一届三中全会以来,我国进入了改革开放和社会主义现代化建设新的历史时期,统计工作也进入新的发展阶段。1978 年 3 月,国务院批准恢复国家统计局。

48. √ 【解析】统计数据的真实、准确、完整和及时是整个统计工作的灵魂。统计调查对象应当按照国家有关规定建立健全统计资料的审核、签署制度,统计资料的审核、签署人员应当对其审核、签署的统计资料的真实性和完整性负责;统计人员应当坚持实事求是,恪守职业道德,对其负责搜集、审核、录入的统计资料与统计调查对象报送的统计资料的一致性负责。

49. × 【解析】《统计法》的作用主要表现在以下三个方面:①有效地、科学地组织统计工作,推进统计工作的现代化进程;②保障统计资料的真实性、准确性、完整性和及时性;③发挥统计在了解国情国力、服务经济社会发展中的重要作用,促进社会主义现代化建设各项事业的发展。

50. × 【解析】统计法规定了政府统计活动的组织实施机关及其工作人员以及国家机关、企业事业单位和其他组织、个体工商户、个人等统计调查对象在统计活动中所形成的社会关系,包括统计机构、统计人员的职责、职权,统计调查对象的权利、义务,违法不履行职责、义务应承担的法律责任等。

51. × 【解析】《统计上大中小微型企业划分办法》按照行业门类、大类、中类和组合类别,依据从业人员、营业收入、资产总额等指标或替代指标,将我国的企业划分为大型、中型、小型、微型等四种类型。

52. × 【解析】广义的统计法包含了所有规范统计活动的统计法律、法规、规章及规范性文件。

53. × 【解析】《统计法》第二十三条规定,县级以上人民政府统计机构和有关部门以及乡、镇人民政府,应当按照国家有关规定建立统计资料的保存、管理制度,建立健全统计信息共享机制。

54. √ 【解析】房屋新开工面积是指报告期内新开工建设的房屋建筑面积,以单位工程为核算对象,即整栋房屋的全部建筑面积,不能分割计算。

55. √ 【解析】《统计法》规定,国务院设立国家统计局,依法组织领导和协调全国的统计工作。

56. × 【解析】根据《统计法》相关规定,国家统计标准由国家统计局制定,或者由国家统计局和国务院标准化主管部门共同制定。国务院有关部门可以制定补充性的部门统计标准,报国家统计局审批。并且,部门统计标准不得与国家统计标准相抵触。

57. × 【解析】只有经常转移属于收入分配交易,而资本转移不属于收入分配交易,应属于资本交易。

58. × 【解析】法人单位由产业活动单位组成,一个法人单位可以包括一个或多个产业活动单位。

59. × 【解析】人口普查的登记工作,采用普查员入户查点询问、当场填报的方式进行,普查员应当按照普查表列出的项目逐户逐人询问清楚,逐项进行填写,做到不重不漏、准确无误。

60. × 【解析】《统计法》第二十二条第一款规定,县级以上人民政府应当将统计工作所需经费列入财政预算。

61. √ 【解析】国家统计局派出的调查机构组织实施的统计调查活动中发生的统计违法行为,由组织实施该统计调查的调查机关负责查处。

62. × 【解析】统计执法监督检查的主体是国家统计局及其派出的调查队和县级以上地方各级人民政府统计机构。

63. × 【解析】经济作物是指除谷物、薯类、豆类外的农作物,包括油料、棉花、生麻、糖料、烟叶、中草药材、蔬菜、瓜果等。

64. × 【解析】被督察地区、部门收到统计督察组反馈意见后,应当对存在的问题认真整改落实,并在3个月内将整改情况反馈国家统计局。国家统计局应当以适当方式监督整改落实情况。

65. √ 【解析】典型调查是一种非全面调查,它是从众多的调查研究对象中,有意识地选择若干个具有代表性的典型单位进行深入、周密、系统地调查研究。典型调查在实际操作中选择真正有代表性的典型单位比较困难,而且还容易受人为因素的干扰,从而可能会导致调查的结论有一定的倾向性,且典型调查的结果一般情况下不宜用以推算全面数据。

66. × 【解析】经济普查以从事第二、第三产业的企业事业组织、机关团体和个体工商户为对象对法人单位、产业活动单位采用全面调查的方法;对个体经营户则采用抽样调查的方法。

67. √ 【解析】《文化及相关产业分类(2018)》规定的文化及相关产业是指为社会公众提供文化产品和文化相关产品的生产活动的集合。它的具体范围:①以文化为核心内容,为直接满足人们的精神需要而进行的创作、制造、传播、展示等文化产品(包括货物和服务)的生产活动;②为实现文化产品的生产活动所需的文化辅助生产和中介服务、文化装备生产和文化消费终端生产(包括制造和销售)等活动。

68. √ 【解析】实施一项调查起始于统计调查设计。调查设计的好坏直接关系到调查方案的科学性、可行性,关系到调查工作的成本或费用,关系到调查结果的可靠性。

69. √ 【解析】在固定资产投资统计中,对农村农户固定资产投资统计,通过抽样调查取得农户投资数据,调查频率为年报。

70. × 【解析】九年义务教育巩固率是指初中毕业班学生数占该年级小学一年级时学生数的百分比。

71. × 【解析】居民消费价格指数是反映一定时期内城乡居民所购买的生活消费品价格和服务项目价格变动趋势和程度的相对指数,是对城市居民消费价格指数和农村居民消费价格指数进行综合汇总计算的结果。

72. × 【解析】房屋新开工面积指报告期内新开工的全部房屋建筑面积,不包括上期开工跨入报告期继续施工的房屋面积和上期停缓建而在本期恢复施工的房屋面积。

73. × 【解析】容积率是指一定地块内,地上总建筑面积计算值与总建设用地面积之比。地上总建筑面积计算值为建设用地内各栋建筑物地上建筑面积计算值之和;地下有经营性面积的,其经营面积不纳入计算容积率的建筑面积。

74. × 【解析】企业法人包括公司和非公司企业法人。分公司是附属于总公司不能独立承担民事责任的分支营业机构,一般不具法人资格;子公司是被母公司控股的公司,但在法律和经济上都是独立的,一般是企业法人。

75. × 【解析】统计法是调整统计活动中发生的各类社会关系的行为规范的总称。

76. √ 【解析】在统计法律法规中,批评教育是一种具有训诫性质的统计行政法律责任形式,不是一般意义上对错误行为提出意见和教育指导。

77. × 【解析】统计法作为我国行政法的一个组成部分,有自己特定的调整对象、原则、特点和作用,是一门独立的分支学科。

78. × 【解析】能源加工、转换的投入量,即进行能源加工、转换消费的能源数量,不包括加工转换本身的工艺用能;车间用能;辅助生产系统用能;经营管理用能;除上述项目以外的其他生产用能。

79. × 【解析】按使用性质划分,能源可分为燃料型能源和非燃料型能源;按再生划分,能源可分为可再生能源和非可再生能源。

80. × 【解析】一般文盲率是指15岁及15岁以上文盲人口占15岁及15岁以上人口的比重。

81. × 【解析】《中华人民共和国宪法》第八十九条规定,国务院有权根据宪法和法律,规定行政措施,制定行政法规,发布决定和命令。行政法规是国家最高行政机关国务院制定的有关国家行政管理的规范性法律文件的总称,其法律地位和效力仅次于宪法和法律。统计行政法规是由国务院制定的规范性法律文件,其法律地位和效力次于统计法律,高于其他统计法律制度,如《中华人民共和国统计法实施条例》,所以只有国务院可以制定统计行政法规。

82. × 【解析】任何组织、个人不得伪造、冒用或者转让涉外调查许可证。

83. × 【解析】顺序数据不仅表现为类别,而且还是有序的,其功能比分类数据要强一些,对事物的划分也更精细一些。

84. × 【解析】统计表不同于统计报表。统计表是一种用密集的形式归纳数据的方法。它主要是利用行和列中的数据来表述现象特征。统计报表是按照国家统一规定的调查要求与文件(指标、表格形式、计算方法等)自下而上地提供基本统计资料的一种调查方式。

85. × 【解析】从狭义上讲,统计指数是表明复杂社会经济现象总体数量综合变动的相对数。所谓复杂社会经济现象总体是指那些由于各部分性质不同而在研究数量特征时不能直接进行加总或对比的总体。

86. × 【解析】国家统计局统计调查取得的全国性统计数据和分省、自治区、直辖市统计数据,由国家统计局公布或者由国家统计局授权其派出的调查机构或者省级人民政府统计机构公布。

87. × 【解析】当相关系数的绝对值接近于1时,说明两变量之间高度相关。若接近于+1,则高度正相关;若接近于-1,则高度负相关。

88. × 【解析】相关关系中的正相关指两个变量的变动方向一致,即同升或同降。

89. √ 【解析】相关系数r数值大小与x和y的数据原点及计量尺度无关。改变x和y的数据原点或计量尺度，并不改变 r 数值大小。

90. × 【解析】函数关系是指变量与变量之间存在着一种确定性的数量依存关系。相关关系是指存在着密切的联系，但又不是严格的、确定的关系。

91. × 【解析】同类机构单位构成机构部门。国民经济核算体系把所有常住机构单位划分为五个机构部门，即非金融企业部门、金融机构部门、广义政府部门、为住户服务的非营利机构部门和住户部门。

92. √ 【解析】要查明统计违法事实，以事实为根据，没有违法事实的，不得给予统计行政处罚。给予什么统计行政处罚，要以统计法为准绳，与统计违法行为的事实、性质、情节以及社会危害程度相当，不得滥罚。

93. × 【解析】因股票市场上股票交易品种繁多，所以在计算股价平均数和股票价格指数时不是对所有的股票进行计算，而只能就样本股票来计算。但所选择的样本股票必须具有代表性和敏感性。

94. × 【解析】公开原则，是指作出统计行政处罚的规定要公开，要让全体人民周知，它是合法原则、公正原则的外在表现形式。统计行政处罚的全过程也应当是公开的、开放的。

95. × 【解析】统计行政处罚决定依法作出后，当事人应当自收到行政处罚决定书之日起十五日内，到指定的银行缴纳罚款。当事人对行政处罚决定不服申请行政复议或者提起行政诉讼的，行政处罚不停止执行，但法律另有规定的除外。

96. √ 【解析】根据统计调查项目制定主体不同，统计调查项目分为国家统计调查项目、部门统计调查项目和地方统计调查项目。国家统计调查项目、部门统计调查项目、地方统计调查项目应当明确分工，互相衔接，不得重复。

97. √ 【解析】国家统计局公布实施的《统计执法监督检查办法》属于统计行政规章。

98. × 【解析】居民实际最终消费指常住住户获得的用于消费的货物和服务价值，它等于居民自身承担的消费性货物和服务支出加上政府部门和为住户服务的非营利机构以实物社会转移形式向居民提供的消费性货物和服务支出。

99. × 【解析】申请涉外调查许可证，应当提交的文件包括涉外调查许可证申请表以及用以证明其符合申请条件的其他材料。

100. × 【解析】终止涉外调查业务的，应当在终止业务后 30 日内，向原颁发机关缴回涉外调查许可证。涉外调查许可证有效期届满的，应当在届满后 30 日内，向原颁发机关缴回已过期的涉外调查许可证。

101. × 【解析】各级国家调查队机构、编制、干部、经费、业务由国家统计局统一管理。

102. × 【解析】县级以上地方人民政府统计机构受本级人民政府和上级人民政府统计机构的双重领导，在统计业务上以上级人民政府统计机构的领导为主。

103. × 【解析】《统计法》第三十条第三款规定，县级以上地方人民政府设立独立的统计机构。题中，“可以根据工作需要”不正确。而县级以上人民政府有关部门可以根据统计任务的需要设立统计机构，或者在有关机构中设置统计人员并指定统计负责人。

104. × 【解析】《统计法实施条例》第五十二条规定，中华人民共和国境外的组织、个人需要在中华人民共和国境内进行统计调查活动的，应当委托中华人民共和国境内具有涉外统计调查资格的机构进行。

105. × 【解析】《涉外调查管理办法》第十条规定,国家统计局和省、自治区、直辖市人民政府统计机构负责对申请涉外调查许可证的机构进行资格认定;《涉外调查管理办法》第十八条做了明确规定,涉外调查许可证的有效期为三年。

106. √ 【解析】根据《统计法》第五十二条第二款和《统计法实施条例》第五十二条规定,统计行政许可项目有两项:涉外调查机构资格认定和涉外社会调查项目审批。

107. × 【解析】政府土地出让行为没有增加政府权益,只是政府资产存在形式的改变,因而不计入政府财政收入。

108. √ 【解析】国际投资头寸表是关于对外经济存量及其变化的核算表,分别在期初、期末两个时点记录我国对外金融资产和负债存量状况,以及在一定期间内由交易、价格变化、汇率变化和其他调整引起的存量变化。完整的国际投资头寸表由期初头寸、期间交易、期间非交易变化和期末头寸构成。

109. √ 【解析】统计执法监督检查具有主动性。它不仅要对已经发生的统计违法行为进行严肃查处,还要主动做好防患于未然的工作,通过积极开展统计执法监督检查,查找违法隐患,纠正违法行为,提高全社会的统计法律意识,预防、减少各种统计违法行为的发生。

110. √ 【解析】《统计执法监督检查办法》第十一条规定,执法检查人员应当参加培训,经考试合格,取得由国家统计局统一颁发的统计执法证。

111. √ 【解析】统计行政处罚法定原则,不仅要求实体合法,也要求程序合法。程序合法是实体合法的保障。统计执法监督检查机关在实施统计行政处罚时,如果不严格履行法定的程序,统计行政处罚是违法的、无效的。

112. √ 【解析】《行政处罚法》第四十五条规定,当事人有权进行陈述和申辩。行政机关必须充分听取当事人的意见,对当事人提出的事实、理由和证据,应当进行复核;当事人提出的事实、理由或者证据成立的,行政机关应当采纳。行政机关不得因当事人陈述、申辩而给予更重的处罚。

113. × 【解析】部门统计调查项目由国务院有关部门制定。统计调查对象属于本部门管辖系统的,报国家统计局备案。统计调查对象超出本部门管辖系统的,报国家统计局审批。

114. √ 【解析】典型调查的优点在于调查范围小、调查单位少、灵活机动、具体深入、节省人力、财力和物力等,其不足是在实际操作中选择真正有代表性的典型单位比较困难,而且还容易受人为因素的干扰,从而可能会导致调查的结论有一定的倾向性,且典型调查的结果一般情况下不宜用以推算全面数据。

115. × 【解析】《统计法》规定,统计调查表应当标明表号、制定机关、批准或者备案文号、有效期限等标志。对未标明前款规定的标志或者超过有效期限的统计调查表,统计调查对象有权拒绝填报;县级以上人民政府统计机构应当依法责令停止有关统计调查活动。

116. × 【解析】县级以上人民政府有关部门应当及时向本级人民政府统计机构提供国民经济核算所需的财务资料、财政资料及其他资料。

117. √ 【解析】在认定一个产业活动单位时,掌握业务核算资料很重要,不能做到这一点的单位,原则上不单独划分为产业活动单位。

118. × 【解析】2004 年,根据形势发展的需要,国务院决定将工业普查、第三产业普查和基本单位普查整合为经济普查。

119. √ 【解析】投入产出表以矩阵形式,描述国民经济各部门在一定时期(通常为一年)生产中的投入来源和产出使用去向,揭示国民经济各部门间相互依存、相互制约的数量关系,同时,它将生产法、收入法、支出法国内生产总值结合在一张表上,细化了国内生产总值核算。

120. √ 【解析】《统计法实施条例》第五十二条第二款规定,涉外社会调查项目应当依法报经批准。统计调查范围限于省、自治区、直辖市行政区域内的,由省级人民政府统计机构审批;统计调查范围跨省、自治区、直辖市行政区域的,由国家统计局审批。

121. × 【解析】中间消耗的计算原则,一是其计算的口径范围要与总产值保持一致;二是本期消耗的不属于固定资产的低值易耗品,如某些小农具,虽然使用年限超过一年,但价值在1 000元以下,也作为中间消耗处理。固定资产的消耗不计入中间消耗,以折旧形式直接计入增加值。

122. √ 【解析】建筑安装是指建筑物主体工程竣工后,建筑物内各种设备的安装活动,以及施工中的线路敷设和管道安装活动;不包括工程收尾的装饰,如对墙面、地板、天花板、门窗等处理活动。但是,建筑安装包括电气安装、管道和设备安装及包括体育场地设施安装等其他建筑安装业。

123. × 【解析】地方人民政府统计机构可以制定地方统计调查项目及其统计调查制度,报国家统计局或者省级统计机构审批,组织开展地方统计调查。

124. √ 【解析】农业统计通常采用全面调查、抽样调查和重点调查相结合的方法进行调查,粮食、棉花、猪、牛、羊等主要农产品产量统计采用抽样调查。

125. × 【解析】采矿业指对固体(如煤和矿物)、液体(如原油)或气体(如天然气)等自然产生的矿物的采掘,但不包括水的蓄集、净化和分配,以及地质勘查、建筑工程活动。

126. × 【解析】根据工业生产原则,凡是企业在报告期生产的经检验合格的产品,不管是否在报告期销售,计算工业总产值时均应包括在内。

127. × 【解析】出口交货值是指工业企业交给外贸部门或自营(委托)出口(包括销往香港、澳门、台湾)的产品价值,以及外商来样、来料加工、来件装配和补偿贸易等生产的产品价值。

128. × 【解析】失业人员是指16岁及以上,有劳动能力,在调查期间无工作,过去3个月以某种方式寻找工作并且能够工作的人员。失业人员要同时满足以下三个条件:①在调查周内未从事为取得报酬或经营利润的劳动,也没有处于就业定义中的暂时未工作状态;②在某一特定期间内(过去3个月)采取了某种方式寻找工作;③当前如有工作机会可以在一个特定期间(两周)内应聘就业或从事自营职业。

129. √ 【解析】目前国家周期性调查制度主要有人口普查制度、农业普查制度、经济普查制度、投入产出调查制度和1%人口抽样调查制度。

130. √ 【解析】国家统计局于2004 年 10 月 13 日以国家统计局令第 7 号公布的《涉外调查管理办法》对涉外调查机构的资格认定制度做了明确规定。该《办法》将涉外调查机构定义为"依法取得涉外调查许可证的机构"。

131. × 【解析】工资性收入指就业人员通过各种途径得到的全部劳动报酬和各种福利,包括受雇于单位或个人、从事各种自由职业、兼职和零星劳动得到的全部劳动报酬和实物福利。

132. √ 【解析】实物福利指单位或雇主免费或低价提供给员工的各种实物产品和服务折价,不包括单位或雇主为雇员能够完成工作所给予的实务产品或服务。

133. √ 【解析】经营净收入指住户或住户成员从事生产经营活动所获得的净收入,是全部经营收入中扣除经营费用、生产性固定资产折旧和生产税净额(生产税减去生产补贴)之后得到的净收入。

134. √ 【解析】财产净收入指住户和住户成员将其所拥有的金融资产和自然资源交由其他机构单位、住户或个人支配而获得的回报并扣除相关的费用之后得到的净收入。财产净收入包括利息净收入、红利收入、储蓄性保险净收益和转让承保土地经营权租金净收入等。

135. √ 【解析】卫生总费用指一个国家或地区在一定时期内,为开展卫生服务活动从全社会筹集的卫生资源的货币总额,按来源法核算。

136. √ 【解析】农业统计调查采用普查与常规统计调查相结合的方法。农业普查每10年进行一次,采用全数调查的方法;常规统计调查按日历年、季、月度及农业生产季节进行,采用以抽样调查为主,全面统计及重点调查为辅的方法。

137. × 【解析】能源按使用性质划分,可分为燃料型能源和非燃料型能源。

138. × 【解析】样本均值的抽样分布就是指所有可能抽出来的样本均值$\bar{x}$的分布。

139. × 【解析】老年人口比例是指在一定时点上,老年人口占总人口的比重,它是表明人口年龄构成的相对指标。一般用百分率表示。计算公式:老年人口比例=老年人口数/总人口数×100%。

140. √ 【解析】信息职能是统计最基本的职能,是保证咨询和监督职能得以有效发挥的前提。咨询和监督职能是在信息职能基础上的拓展和深化,在充分发挥信息资源作用的基础上,进一步提高统计的整体效能。

141. × 【解析】制定机关修改统计调查项目的时间,不计算在审批期限内。

142. × 【解析】国家调查队主要服务中央,工作方式以抽样调查为主。

143. √ 【解析】统计设计环节主要指对统计指标、标准、方法、调查单位库、报表制度、工作流程和生产系统的设计。

144. √ 【解析】统计调查证件上应当标明的以上的内容。

145. × 【解析】1983年12月《中华人民共和国统计法》才刚颁布。

146. × 【解析】由于样本是从总体中随机抽取的,样本具有随机性,由样本数据计算出的统计量也是随机的,所以在抽取样本前,理论上统计量是一个随机变量。但当样本抽取出来以后,样本值就是已经观察到的值,这个样本的统计量就是已知的,构成统计量的函数中不能包含未知参数。

147. √ 【解析】对利用行政记录可以获得的统计资料,不要再通过其他统计调查方法获取,以减轻统计调查对象的负担。

148. × 【解析】国民经济各产业部门收入法增加值之和等于收入法国内生产总值。

149. × 【解析】房屋竣工面积是指报告期内房屋建筑按照设计要求已全部完工,达到住人和使用条件,经验收鉴定合格或达到竣工验收标准,可正式移交使用的各栋房屋建筑面积的总和。竣工面积以房屋单位工程(栋)为核算对象,在整栋房屋符合竣工条件后按其全部建筑面积一次性计算，而不是按各栋施工房屋中已完成的部分或层次分割计算。

150. √ 【解析】房地产业由房地产开发经营、物业管理、房地产中介服务、房地产租赁经营和其他房地产业组成。住房公积金缴存服务和提取服务属于其他房地产业。

151. √ 【解析】典型调查是一种非全面调查，它是从众多调查研究对象中，有意识地选择若干个具有代表性的典型单位进行深入、周密、系统地调查研究。为了解大学生创业情况，选取5名创业成功的大学生进行访问和详细调查，属于典型调查。

152. × 【解析】《统计法》第十三条规定，统计调查项目包括国家统计调查项目、部门统计调查项目和地方统计调查项目。

153. × 【解析】当事人逾期不履行行政处罚决定的，根据《行政处罚法》第七十二条规定，作出行政处罚决定的行政机关可以采取下列措施：①到期不缴纳罚款的，每日按罚款数额的百分之三加处罚款，加处罚款的数额不得超出罚款的数额；②根据法律规定，将查封、扣押的财物拍卖、依法处理或者将冻结的存款、汇款划拨抵缴罚款；③根据法律规定，采取其他行政强制执行方式；④依照《中华人民共和国行政强制法》的规定申请人民法院强制执行。

154. × 【解析】统计执法监督检查的对象主要有以下三类：①统计调查对象；②地方人民政府、县级以上人民政府统计机构和有关部门；③涉外调查机构。

155. × 【解析】没收违法所得（属财产罚的一种）是指行政机关依法将行为人通过违法行为获取的财产收归国有的处罚形式。违法所得，是行为人通过违法手段获取的财产。对违法所得的没收，本质上是一种追缴，而不是违法行为人因实施违法行为所付出的代价。

综合应用题

1. D 【解析】《统计法》《统计法实施条例》《涉外调查管理办法》均对涉外统计调查活动作出了相应的规定,而涉外统计调查活动并不属于《外商投资法》的调整范围。

2. B 【解析】《涉外调查管理办法》第二十二条规定,涉外调查机构申请批准涉外社会调查项目时,应提交下列文件:①涉外社会调查项目申请表;②涉外调查许可证复印件;③委托、资助、合作的合同复印件;④调查方案,包括调查的目的、内容、范围、时间、对象、方式等;⑤调查问卷、表格或者访谈、观察提纲;⑥与调查项目有关的其他背景材料。

3. B 【解析】申请涉外调查许可证的机构,调查范围跨省、自治区、直辖市行政区域的,向国家统计局提出;调查范围限于省、自治区、直辖市行政区域内的,向所在省、自治区、直辖市人民政府统计机构提出,区级人民政府统计机关无此权限。

4. ABCD 【解析】《涉外调查管理办法》第十六条规定,涉外调查许可证应当注明调查机构的名称、登记类型、法定代表人或者主要负责人、住所和颁发机关、颁发日期、编号、许可范围、有效期等项内容。

5. ABCD 【解析】《涉外调查管理办法》对涉外调查许可证的申请条件、受理机关、申请材料和审批程序都作出了明确规定。

6. B 【解析】部门统计调查项目,是指国务院有关部门的专业性统计调查项目。部门统计调查项目主要是为了满足部门依法履行职责和进行行业管理的需要,同时为国家决策和管理以及开展国民经济核算提供重要统计信息。

7. C 【解析】部门统计调查项目由国务院有关部门制定。统计调查对象属于本部门管辖系统的,报国家统计局备案。统计调查对象超出本部门管辖系统的,报国家统计局审批。

8. C 【解析】统计调查表应当根据《统计法》第十七条规定标明表号、制定机关、批准或者备案文号、有效期限等标志。

9. ABCD 【解析】《统计法》第三十八条规定,县级以上人民政府统计机构在调查统计违法行为或者核查统计数据时,有权采取下列措施:①发出统计检查查询书,向检查对象查询有关事项;②要求检查对象提供有关原始记录和凭证、统计台账、统计调查表、会计资料及其他相关证明和资料;③就与检查有关的事项询问有关人员;④进入检查对象的业务场所和统计数据处理信息系统进行检查、核对;⑤经本机构负责人批准,登记保存检查对象的有关原始记录和凭证、统计台账、统计调查表、会计资料及其他相关证明和资料;⑥对与检查事项有关的情况和资料进行记录、录音、录像、照相和复制。

10. CD 【解析】结合统计法律法规有关规定,我国统计行政处罚的种类有警告、通报批评、罚款和没收违法所得。

11. A 【解析】A 企业收到市统计局的《统计报表催报单》之后,仍未按规定时间上报统计报表,属于违反《统计法》及其实施条例有关规定行为中的经催报后仍未按时提供统计资料。

12. B 【解析】统计行政处罚的种类包括警告、罚款、通报批评和没收违法所得。其中,没收违法所得是指将行为人通过违法行为获取的财产收归国有,本质上是一种追缴。本题中A企业并没有违法所得,因此没收违法所得不适用。

13. C 【解析】根据我国统计法律法规和《行政复议法》的规定,公民、法人或者其他组织可以自知道该具体行政行为之日起60日内提出行政复议申请,但是法律规定的申请期限超过60日的除外。

14. BD 【解析】对县级以上地方各级人民政府统计机构作出的具体行政行为不服,申请统计行政复议的,其复议管辖权的确定由申请人选择。申请人既可以向本级人民政府申请复议,也可以向上一级人民政府统计机构申请复议。本题中A企业不服市统计局的处罚决定,因此可以向同级的市人民政府或上一级的省统计局申请。

15. BC 【解析】根据《行政诉讼法》的规定,对地方各级人民政府统计机构作出的具体行政行为不服且经过行政复议后,复议机关决定维持原行政行为的,可以向作出原具体行政行为的统计机构所在地的基层人民法院起诉,也可以向复议机关所在地基层人民法院起诉,本题中即市统计局所在地的基层人民法院以及复议机关所在地的基层人民法院。

16. C 【解析】地方统计调查项目是在国家统计调查项目和部门统计调查项目基础上,地方政府及其部门为管理本地区经济社会活动、制定本地区经济社会发展规划所需补充性资料而进行的区域性统计调查。因此,该统计调查项目属于地方统计调查项目。

17. A 【解析】地方统计调查项目中,由省级人民政府统计机构单独制定或者和有关部门共同制定的,报国家统计局审批;由省级以下人民政府统计机构单独制定或者和有关部门共同制定的,报省级人民政府统计机构审批;由县级以上地方人民政府有关部门制定的,报本级人民政府统计机构审批。题中,该项统计调查项目由地级市人民政府统计机构和有关部门共同制定,故应报由该省统计局审批。

18. A 【解析】《统计法》第十五条规定,统计调查项目的审批机关应当对调查项目的必要性、可行性、科学性进行审查。

19. ABD 【解析】作为统计调查对象的国家机关、企业事业单位或者其他组织有提供不真实或者不完整的统计资料的行为的,由县级以上人民政府统计机构责令改正,给予警告,可以予以通报,并处以罚款;其直接负责的主管人员和其他直接责任人员属于国家工作人员的,由任免机关或者监察机关依法给予处分。

20. BD 【解析】根据我国《统计法》和《行政复议法》的规定,能够引起统计行政复议的范围有如下具体统计行政行为:①行政处罚;②行政许可;③被认为行政侵权的其他具体统计行政行为。根据我国现行法律、法规的规定,引起统计行政诉讼的具体统计行政行为有三类:①统计行政处罚行为;②统计行政许可行为;③统计行政机关的其他具体行政行为。

21. C 【解析】工业总产值包括本期生产成品价值、对外加工费收入、在制品半成品期末期初差额价值三部分。本题中工业总产值 = 本期生产成品价值 + 对外加工费收入 = 1 000 + 250 = 1 250(万元)。

22. B 【解析】工业销售产值是以货币形式表现的,工业企业在一定时期内销售的本企业生产的工业产品或提供工业性劳务活动的价值总量。工业销售值 = 销售成品价值 + 对外加工费收入,本题中工业销售值 = 1 000 + 300 + 250 = 1 550(万元)。

23. D 【解析】单位工业增加值能耗是指一定时期内,一个国家或地区每生产一个单位的工业增加值所消耗的能源。计算公式:单位工业增加值能耗 = 工业能源消费量/工业增加值,本题中工业能源消费量 = 1 000,工业增加值 = 工业总产值 - 工业中间投入 + 本期应交增值税 = 1 250 - 800 + 50 = 500(万元),所以单位工业增加值能耗 1 000/500 = 2。

24. AB 【解析】工业企业能源消费包括工业企业在生产过程中作为燃料、动力、原料、辅助材料使用的能源以及工艺用能、非生产用能;作为能源加工转换企业,还要包括能源加工转换的投入量:①用于本企业产品生产、工业性作业和其他生产性活动的能源;②用于技术更新改造措施、新技术研究和新产品试制以及科学试验等方面的能源;③用于经营维修、建筑及设备大修理、机电设备和交通运输工具等方面的能源;④用于劳动保护的能源;⑤其他非生产消费的能源等。

25. AC 【解析】工业增加值是指工业企业在报告期内以货币形式表现的工业生产活动的最终成果,是企业全部生产活动的总成果扣除了在生产过程中消耗或转移的物质产品和劳务价值后的余额,是企业生产过程中新增加的价值,计算工业增加值通常采用生产法和收入法两种方法。

26. A 【解析】工业总产值的内容包括生产的成品价值、对外加工费收入和自制半成品在制品期末期初差额价值,故该企业报告期工业总产值 = 1 000 + 100 + 60 - 80 = 1 080(万元)。

27. D 【解析】工业销售产值包括销售成品价值和对外加工费收入,故该企业报告期工业销售产值 = 1 000 + 200 + 100 = 1 300(万元)。

28. C 【解析】负债一般按偿还期限长短分为流动负债和非流动负债。其中,流动负债包括应付账款、短期借款、应付票据、应交税费等,故该企业报告期末的流动负债 = 70 + 50 = 120(万元)。

29. BC 【解析】根据最新大中小微企业划分标准,工业企业依据从业人员和营业收入两个指标进行划分。

30. CD 【解析】A 项,工业统计是包括采矿业,制造业以及电力、热力、燃气及水生产和供应业的统计。B 项,工业统计调查单位包括工业法人单位和工业个体经营单位。

31. C 【解析】如果总体比例 π 的值事先未知,可以用样本比例来代替,或者取 $\pi = 0.5$,使得 $\pi(1-\pi)$ 的值达到最大。

32. A 【解析】检验的统计量为 $z = \dfrac{p-\pi_0}{\sqrt{\pi_0 \cdot (1-\pi_0)/n}} = \dfrac{80\% - 83\%}{\sqrt{\dfrac{83\%(1-83\%)}{100}}} \approx -0.799$。

33. A 【解析】由于 $n = 100$ 是大样本,所以在大样本条件下,根据中心极限定理,当原假设成立时,统计量 $\dfrac{\sqrt{n}(p-\pi)}{p(1-p)}$ 服从 Z 分布。

34. AB 【解析】假设检验是通过抽样结果对总体参数进行检验,且通常情况下原假设是明确的，备择假设是模糊的。83%可以看作是总体参数，80%是抽样结果。

35. BD 【解析】设样本量为 n，样本满意比例为 p，总体满意比例为 π，由于 $n=100$ 为大样本，P 的抽样分布近似服从于 $N(\pi,\frac{p(1-p)}{n})$，所以置信区间为 $P\pm z_{\alpha/2}\sqrt{\frac{p(1-p)}{n}}$。

36. C 【解析】统计人员应当依法履行职责，如实搜集、报送统计资料，不得伪造、篡改统计资料，不得以任何方式要求任何单位和个人提供不真实的统计资料。领导人员不得自行修改统计资料、编造虚假数据的行为，以及强令、授意本地区、本部门、本单位统计机构、统计人员或者其他有关机构、人员拒报、虚报、瞒报或者篡改资料、编造虚假数据。统计调查对象不得有拒绝、阻碍统计调查、统计检查的行为。

37. B 【解析】统计政务处分的适用对象有统计违法违纪行为的单位，其负有责任的领导人员和直接责任人员，以及有统计违法违纪行为的个人，应当承担纪律责任。属于下列人员的，由任免机关或者监察机关按照管理权限依法给予处分：①行政机关公务员；②法律、法规授权的具有公共事务管理职能的事业单位中经批准参照《中华人民共和国公务员法》管理的工作人员；③行政机关依法委托的组织中除工勤人员以外的工作人员；④企业、事业单位、社会团体中由行政机关任命的人员。

38. A 【解析】该企业的行为违反了《统计法》第四十四条的有关规定，由县级以上人民政府统计机构责令改正，给予警告，可以予以通报。企业事业单位或者其他组织有所列行为之一的，可以并处10万元以下的罚款；情节严重的，并处10万元以上50万元以下的罚款。

39. BC 【解析】对县级以上地方各级人民政府统计机构作出的具体行政行为不服，申请统计行政复议的，其复议管辖权的确定由申请人选择。申请人既可以向本级人民政府申请复议，也可以向上一级人民政府统计机构申请复议。

40. ABC 【解析】根据《行政诉讼法》的规定，公民、法人或者其他组织对具体统计行政行为不服，可以申请统计行政复议，对统计行政复议不服的，再向人民法院提起诉讼；也可直接向人民法院提起诉讼。

41. D 【解析】支出法GDP是从最终使用的角度反映一个国家一定时期内生产活动最终成果的一种方法。最终使用包括最终消费支出、资本形成总额及货物和服务净出口三部分。本题中，国内生产总值 = 150 076 + 294 101 + 308 599 + 55 861 + (133 819 + 30 028) − (126 888 + 22 380) = 823 216(亿元)。

42. A 【解析】根据投入产出表中的总量平衡关系：总产出 = 总投入 = 中间投入 + 增加值 = 中间投入 + 国内生产总值，因此该国总产出 = 854 014 + 137 159 + 208 237 + 235 108 + 823 216 = 2 257 734(亿元)。

43. B 【解析】货物生产过程中对货物的直接消耗系数 = 854 014/(854 014 + 137 159 + 150 076 + 308 599 + 133 819 − 126 888) = 854 014/1 456 779 = 0.586 2。

44. AC 【解析】投入产出表是描述国民经济各部门在一定时期（通常为一年）生产中的投入来源和产出使用去向，揭示国民经济各部门间相互依存、相互制约的数量关系的表格，其基本的总量平衡关系：①总投入 = 总产出；②中间投入 + 增加值 = 总投入；③中间使用 + 最终使用 =

总产出 + 进口;④增加值合计 = 国内生产总值 = 最终使用合计 - 进口合计。

45. BC 【解析】产品部门分类遵循同质性原则,即消耗结构相同、生产工艺技术相同和经济用途相同的原则。

46. A 【解析】散点图与气泡图都可以用于展示不同变量间关系。散点图是观察两个变量之间相关程度最直观的方法,气泡图则可用于展示三个变量之间的关系。绘制气泡图时将一个变量放在横轴,另一个变量放在纵轴,第三个变量则用气泡的大小来表示。

47. C 【解析】A 项,相关系数是测定变量之间关系密切程度的量,并非样本。B 项,相关系数数值大小与 x 和 y 的数据原点及计量尺度无关,单位改变不会引起相关系数改变。C 项,相关系数只是两个变量之间线性关系的一个度量,不一定意味着变量之间有因果关系。D 项,根据经验,当 $r \geq 0.8$ 时,可视为高度相关,但这种解释必须建立在对相关系数显著性检验的基础之上。

48. D 【解析】时期序列是序列中的观测值反映现象在一段时期内发展过程的总量,不同时期的观测值可以相加,相加结果表明现象在更长一段时间内的活动总量。不同时期的私人汽车拥有总量、居民人均可支配收入、公路总里程相加均没有现实含义,因此都不属于时期序列。

49. BC 【解析】A 项,中位数 = (253 + 257)/2 = 255。B 项,众数 = 231。C 项,平均数 = (231 × 3 + 246 + 253 + 257 + 266 × 2 + 271 + 280)/10 = 253。D 项,标准差用于数据集中趋势的度量。

50. ABD 【解析】AD 两项,回归方程的 F 检验原假设为回归方程的线性关系不显著,回归系数的检验原假设为相应自变量对因变量没有显著影响,本题在 10% 的显著性水平下拒绝了回归方程和两个回归系数显著性检验的原假设,表明居民人均可支配收入和公路总里程对私人汽车拥有总量有显著影响,且人均可支配收入和公路总里程对私人汽车拥有总量的线性效果是显著的。B 项,偏回归系数 0.03 表示当人均可支配收入不变时,公路总里程每增加 1 公里,私人汽车拥有总量平均增加 300 辆。C 项,多重判定系数是多元线性回归平方和占总变差平方和的比例,而非残差平方和,用于描述在因变量的总变差中被估计的多元线性回归方程所揭示的比例。

51. D 【解析】数值型数据以数字作为主要特征,并且这些数字具有明确的数值含义,能够进行运算并且能测量出具体大小和差异。

【说明】根据最新教材,"定量数据"更改为数值型数据","定性数据"更改为"非数值型数据"。

52. C 【解析】散点图是在直角坐标系中用相对应的两个变量值作为图中一个点的横坐标和纵坐标描点得到的图形,是观察两个变量之间的相关程度和类型最直观的方法。

53. A 【解析】平均增长量是某种社会经济现象在一定时期内平均每期增长(或减少)的绝对数量。题目中计算公式:(600 - 560)/560 × 100% = 7.14%。

54. BD 【解析】发展速度是表明现象发展程度的动态相对指标,它是两个不同时期的发展水平对比的结果。对于具有季节变化的一些社会经济现象,为了消除季节变动的影响,可以计算年距发展速度,用以说明本年某期发展水平与去年同期发展水平对比而达到的发展速度。其

计算公式为年距发展速度＝本年某月(季)发展水平/去年同月(季)发展水平

55. AD 【解析】数量指数也称物量指数,是表明总体单位数量、规模等数量变动的相对数,如产量指数、销售量指数、职工人数指数等即为数量指数。质量指数是表明总体单位水平、工作质量等质量变动的相对数,如价格指数、单位成本指数、劳动生产率指数等即为质量指数。

56. B 【解析】根据《统计法》第七条和第三十三条的有关规定,统计人员的职权,有下列两个方面:①统计人员按照《统计法》规定独立行使统计调查、统计报告、统计监督的职权,不受侵犯;②统计人员进行统计调查时,有权就与统计有关的问题询问有关人员,要求如实提供有关情况、资料并改正不真实、不准确的资料。

57. D 【解析】为保障统计工作的独立性,《统计法》第七条的规定,统计机构和统计人员依照本法规定独立行使统计调查、统计报告、统计监督的职权,不受侵犯。

58. B 【解析】统计资料公布的方式、手段应当是多样的,以便于用户查找和利用统计信息。统计资料主要是通过国民经济和社会发展的统计公报、统计年鉴、统计月报等方式,利用电视、网络、广播、报纸、杂志、书籍等手段予以公布。

59. ABCD 【解析】统计机构应遵循的基本原则:统一统计原则、独立统计原则、规范统计原则、科学统计原则、公共统计原则、如实统计原则、诚信统计原则、国家统计优先原则、统计违法必惩原则。

60. ABD 【解析】《统计法》第三十条第三款规定,县级以上地方人民政府设立独立的统计机构。它的独立性主要体现在以下几个方面:①在人民政府的组织系统中,政府综合统计机构是单设的职能机构;②政府综合统计机构独立行使统计工作职权,独立履行统计工作职责;③在国家法律、法规和政策规定的范围内,政府综合统计机构独立支配、使用和管理人、财、物。

61. A 【解析】国家统计调查项目,是指全国性基本情况的统计调查项目,是为了实施国家管理和宏观决策的需要,对基本国情国力情况进行的统计调查,如人口与就业情况统计、自然资源统计、围绕国民经济核算进行的各项统计等。旅游业统计调查是我国国民经济与社会发展统计体系的一部分,涉及各省市、各区、各旅游企事业单位,所以属于国家统计调查项目。

62. A 【解析】《统计法》第二十二条规定,县级以上人民政府应当将统计工作所需经费列入财政预算;重大国情国力普查所需经费,由国务院和地方人民政府共同负担,列入相应年度的财政预算,按时拨付,确保到位。深圳市旅游业统计调查不属于重大国情国力普查,所以将该统计工作所需经费列入本级财政预算。

63. A 【解析】根据《统计法》的规定,我国的统计标准根据其制定机关和适用范围的不同,分为两种,一是国家统计标准,二是部门统计标准。其他行政机关无权制定统计标准。国家统计标准由国家统计局制定,或者由国家统计局和国务院标准化主管部门共同制定。国务院其他有关部门可以根据本部门统计工作的需要,在国家统计标准的基础上制定补充性的部门统计标准,报国家统计局审批。

64. ABCD 【解析】统计调查制度,是指实施统计调查必须遵守的技术性规范,是统计调查项目的核心内容,每一项统计调查都有其相应的调查制度。在制定统计调查制度时,应对下列内容作出明确规定:调查目的、调查内容、调查方法、调查对象、调查组织方式、调查表式、统计资料的报送和统计资料的公布。

65. AB 【解析】《旅游统计调查制度》由基层统计报表、部门统计报表、旅游抽样调查、专业统计报表、旅游统计分析和附录等六部分组成。基层统计报表主要包括旅游单位基本情况调查、旅行社外联和接待情况、旅行社组团和接待国内旅游者基本情况、旅行社经营出境旅游情况、旅游企业经营情况、旅游区(点)基本情况、旅游企业财务状况等;部门统计报表主要包括入境旅游人员情况、入境外国游客情况、中国(大陆)公民出境情况、入境游客花费构成情况等;旅游抽样调查主要包括入境游客在深圳花费情况和国内游客在深圳花费情况等;专业报表主要包括旅游院校基本情况和各旅游行业职工培训情况等;统计分析主要包括对旅游统计分析报告的内容和报送时间的要求;附录为旅游统计基本概念、主要指标解释和各区旅游局通信录。

66. B 【解析】各级人民政府统计机构、有关部门及其工作人员在实施统计调查活动中弄虚作假的行为,包括以强令、授意等方式要求统计调查对象提供不真实统计资料的行为,以及伪造、篡改统计资料的行为属于统计违法行为,可以给予处分。

67. B 【解析】省统计局启动核计违法案件查处程序,查处该案件的程序是立案、调查、处理、结案。

68. D 【解析】《统计法》明确规定了领导干部的“四个不得”,即地方各级人民政府、县级以上人民政府统计机构和有关部门以及各单位的负责人,不得自行修改统计机构和统计人员依法搜集、整理的统计资料,不得以任何方式要求统计机构、统计人员及其他机构、人员伪造、篡改统计资料,不得明示、暗示下级单位及其人员或者统计调查对象填报虚假统计数据,不得对依法履行职责或者拒绝、抵制统计违法行为的单位和个人打击报复。D 项符合题目要求。

69. ABCD 【解析】该省统计局这次常规的工作检查起到了早发现早预防的作用,减少了统计违法行为,并且实行了监督的功效。

70. AD 【解析】《统计法》第四十条规定,地方各级人民政府、县级以上人民政府统计机构或者有关部门、单位的负责人有下列行为之一的,由任免机关、单位或者监察机关依法给予处分,并由县级以上人民政府统计机构予以通报:①自行修改统计资料、编造虚假统计数据的;②要求统计机构、统计人员或者其他机构、人员伪造、篡改统计资料的;③明示、暗示下级单位及其人员或者统计调查对象填报虚假统计数据的;④对本地方、本部门、本单位发生的统计数据严重失实情况和严重统计违法行为失察的;⑤有其他统计造假、弄虚作假行为的。

71. C 【解析】分层抽样也称类型抽样,它首先将要研究的总体按某种特征或某种规则划分为不同的层(组),然后按照等比例或最优比例的方式从每一层(组)中独立、随机地抽取个体,最后将各层的样本结合起来对总体的目标量进行估计。

72. A 【解析】直方图是常见且非常重要的一种描述数值型数据图形。它的横坐标代表变量各组的界限,纵坐标代表各变量值出现的频数或频率,各组与相应的频数就形成了一个矩形,即直方图。直方图用矩形的面积来表示各组的频数分布，但对于不等距分组其纵轴必须表示为频数密度：频数密度 = 频数/组距（面积之和 = 总频数）。

73. D 【解析】离散系数也称作变异系数、标准差系数，它是将一组数据的标准差除以其均值，用来测度数据离散程度的相对数。因为标准差的大小会受到数据本身数值大小或者计量单位不同的影响，所以离散系数更为准确。

74. AC 【解析】数据的不对称性称为偏态，测度数据的偏斜程度用偏态系数（SK）。偏度系数越大，表示数据分布的偏斜程度越大。峰态通常是与标准正态分布相比较而言的。如果数据服从标准正态，则峰度系数等于零；若峰度系数的值明显不为零，则表明数据的分布比正态分布更平或更尖。

75. BD 【解析】$Z=\frac{\text{样本均值}-\text{总体均值}}{\text{样本均值的标准差}}=\frac{\bar{x}-\mu}{\sigma-\sqrt{n}}$。$z$ 所对应的概率称为置信度或置信水平，将 $\bar{x}-\mu\leqslant z\frac{\sigma}{\sqrt{n}}$ 表示的范围称为置信区间。

76. B 【解析】调查失业率是指通过劳动力调查或相关抽样调查推算得到的失业人数占全部劳动力（就业人数和失业人数之和）的百分比。该市调查失业率为：20/(480 + 20) × 100% = 4%。

77. C 【解析】平均人口数是反映一定时期人口规模平均水平的指标。平均人口数准确的计算方法应当是把每一瞬间的人数相加，除以相应的日历时间。但在实际工作中，不可能取得瞬间的人口数字，因此一般只计算其近似值。在人口变化平稳的前提下，还可以用年初人数和年末人数的算术平均数，或用年中人口数代替年平均人口数。故该市 2021 年平均人口数为 (800 + 820)/2 = 810（万人）。

78. C 【解析】恩格尔系数 = 食物支出金额/总支出金额 × 100%。故该市居民恩格尔系数为 6 000/20 000 × 100% = 30%。

79. BC 【解析】恩格尔系数是根据恩格尔定律得出的比例数，是表示生活水平高低的一个指标。恩格尔系数越大，表示生活水平越低，随着家庭收入的增加，这个比例呈下降趋势。

80. BCD 【解析】该市年初常住人口数、年末常住人口数、常住外来人口数来自人口变动抽样调查。劳动统计主要包括从业人员及工资总额统计、劳动力就业与失业统计等两部分内容，故该市就业人数、失业人数来自劳动统计。住户调查主要包括住户收支与生活状况调查，故该市人均可支配收入、人均消费支出来自住户调查。

81. C 【解析】通过控制置信区间长度计算样本量，不妨设绝对误差限为 d，在显著性水平为 α 下，样本量 n 满足 $n\geqslant\frac{{Z_{1-\alpha/2}}^2\times p(1-p)}{d_2}$；此时 p 值应取使 $p(1-p)$ 最大的值，而在 $p=0.5$ 时有最大值。因此，应取 $p=0.5$。

82. A 【解析】在置信度为 $1-\alpha$ 下，总体支持率的置信区间为 $[p-Z_{\alpha/2}\times\sqrt{\frac{p(1-p)}{n}}, p+Z_{\alpha/2}\times\sqrt{\frac{p(1-p)}{n}}]$ 其中，$p=68\%$，当 $1-\alpha=95.45\%$ 时，查表得 $Z_{\alpha/2}=2$，$n=385$，代入数据计算

得,置信区间为[63.2%,72.7%]。

83. B 【解析】分为两个区后,每个区人口约为500万,依旧为大样本,确定样本量时计算方式与分为两个区前相同。因此,每个区样本量均为385,两个小区总抽取样本量为385×2=770。

84. BC 【解析】在进行比例估计时,使用正态分布统计量的需要满足两个条件:①即$np \geq 5$,其中n是样本量,p是样本比例;②$n(1-p) \geq 5$,其中n是样本量,p是样本比例。

85. AC 【解析】构造假设检验,不妨用π表示总体比例,则$H_0: \pi \geq 70\%$;$H_1: \pi < 70\%$。检验统计量$\frac{p-0.7}{\sqrt{0.7 \times 0.3/385}}$,在显著性水平$\alpha$下,拒绝域为$p < 0.7 - \sqrt{0.7 \times 0.3/385} \times Z_{\alpha}$,其中$Z_{\alpha}$为标准正态分布的$\alpha$右分位数。在0.05的显著性水平下,$Z_{0.05}=1.64$,拒绝域为$p < 0.7 - \sqrt{0.7 \times 0.3/385} \times Z_{0.05}$,即$p < 0.66$。由题知,样本比例为68%,所以不能拒绝原假设。在0.01的显著性水平下,$Z_{0.01}=2.33$,拒绝域为$p < 0.7 - \sqrt{0.7 \times 0.3/385} \times Z_{0.01}$,即$p < 0.64$,所以不能拒绝原假设。综上,AC项为正确答案。

86. B 【解析】人口负担系数也称抚养系数、抚养比,是指被抚养人口与15~64岁人口的比例。该家庭仅有小李母亲属于被抚养人口,则该家庭人口负担系数=1/3。

87. D 【解析】财产净收入指住户或住户成员将其所拥有的金融资产、住房等非金融资产和自然资源交由其他机构单位、住户或个人支配而获得的回报并扣除相关的费用之后得到的净收入,包括利息净收入、红利收入、储蓄性保险净收益、转让承包土地经营权租金净收入、出租房屋净收入、出租其他资产净收入和自有住房折算净租金等。则该家庭2021年财产净收入为3 000+10 000=13 000(元)。

88. A 【解析】该家庭2021年恩格尔系数=食物支出金额/总支出金额=2.1/6=0.35。

89. AC 【解析】AD两项,住户是指居住在一个住宅内共同分享生活开支或收入的一群人。住户成员之间可以是有亲属关系的,也可以是没有亲属关系的。居住在同一房间内、不共同分享生活开支的人群,每个人都视为一个住户。B项,无论户口性质和户口登记地,中国公民均以住户为单位,在常住地参加本调查。C项,未分家的农村外出从业人员和随迁家属,无论其外出时间长短,均属于住户成员。

90. BC 【解析】住户调查是以住户及其家庭成员为调查对象的数据搜集方法,国家统计局根据全国人口普查资料,将所有人口按常住地纳入调查范围,采用分层多阶段随机抽样方法。

91. A 【解析】普查是指一个国家或一个地区为详细地了解某项重要的国情、国力而专门组织的一次性、大规模的全面调查,其主要用来收集某些不能够或不适宜用定期的全面调查报表收集的信息资料,以搞清重要的国情、国力。普查涉及面广、工作量大、时间较长,而且需要大量的人力和物力、组织工作较为繁重。目前我国全国性的大型普查有三项,即经济普查、农业普查和人口普查。普查属于全面调查。

92. B 【解析】部门统计调查项目,是指国务院有关部门的专业性统计调查项目。这类调查所要搜集的资料,大都为满足各业务主管部门业务管理所需要的数据,专业性较强。国家卫生健康委员会属于国务院组成部门。

93. D 【解析】经过批准或备案的合法统计调查报表的右上角需标明法定标识。统计法规定,统计调查表应当标明表号、制定机关、批准或者备案文号、有效期限等标志。对未标明前款规定的标志或者超过有效期限的统计调查表,统计调查对象有权拒绝填报;县级以上人民政府统计机构应当依法责令停止有关统计调查活动。

94. ABC 【解析】《统计法》第四十四条规定,作为统计调查对象的国家机关、企业事业单位或者其他组织有下列行为之一的,由县级以上人民政府统计机构责令改正,给予警告,可以予以通报;其负有责任的领导人员和直接责任人员属于公职人员的,由任免机关、单位或者监察机关依法给予处分:拒绝提供统计资料或者经催报后仍未按时提供统计资料的;提供不真实或者不完整的统计资料的;拒绝答复或者不如实答复统计检查查询书的;拒绝、阻碍统计调查、统计检查的;转移、隐匿、篡改、毁弃或者拒绝提供原始记录和凭证、统计台账、统计调查表及其他相关证明和资料的。企业事业单位或者其他组织有前款所列行为之一的,可以并十万元以下的罚款;情节严重的,并处十万元以上五十万元以下的罚款。

95. AC 【解析】能够引起统计行政复议的范围有如下具体统计行政行为:①行政处罚,包括警告、罚款、没收违法所得等;②行政许可;③被认为行政侵权的其他具体统计行政行为。根据我国现行法律、法规的规定,引起统计行政诉讼的具体统计行政行为有三类:①统计行政处罚行为;②统计行政许可行为;③统计行政机关的其他具体行政行为。

96. B 【解析】季节比率的计算方法是:首先计算出各年同期发展水平的序时平均数,然后将各年同期平均数与全时期总平均数对比即得到季节比率。季节比率的具体步骤:①计算各年相同季度的平均数;②计算各年季节总平均数;③求各季度季节比率。

97. C 【解析】计算各季度季节比率的公式为季节比率 $=\dfrac{\text{同季平均数}}{\text{平均数}}\times 100\%$。

98. A 【解析】季节比率是反映各季销售市场淡旺程度的一个相对指标,其值越大越好,大于 1 代表是旺季,小于 1 代表是淡季。

99. CD 【解析】各季度季节比率的计算结果如下表所示。

各季度季节比率的计算结果

年份	一季度	二季度	三季度	四季度	合计
2017 年	86.5	99.4	101.9	144.2	432.0
2018 年	89.2	98.6	102.3	150.2	440.3
2019 年	91.2	100.2	103.5	152.4	447.3
2020 年	93.5	104.8	106.7	163.5	468.5
合计	360.4	403.0	414.4	610.3	1 788.1
季节平均数	90.1	100.75	103.6	152.6	111.8
季节比率(%)	80.6	90.2	92.7	136.5	400

100. BD 【解析】这种季节比率计算方法有两个缺陷:①没有考虑长期趋势的影响;②季节

比率的高低受各年数值大小的影响。数值大的年份,对季节比率的影响较大;数值小的年份,对季节比率的影响较小。

101. A 【解析】A项,地方人民政府、政府统计机构或者有关部门、单位及其负责人采用下发文件、会议布置以及其他方式授意、指使、强令统计调查对象或者其他单位、人员编造虚假统计资料的统计违法行为,给予政务处分。B项,适用统计行政处罚的是违反《统计法》《全国经济普查条例》《全国农业普查条例》《全国污染源普查条例》有关规定的违法行为。C项,涉嫌犯罪的违法行为才会由司法机关依法追究刑事责任。D项,批评教育只适用于在重大国情国力普查活动中拒绝、阻碍统计调查,或者提供不真实或者不完整的普查资料的个人,由政府统计机构实施,目的是消除和惩戒调查对象在重大国情国力普查活动中拒绝、阻碍统计调查,或者提供不真实或者不完整的普查资料的违法行为。

102. C 【解析】对县级以上地方各级人民政府统计机构作出的具体行政行为不服,申请统计行政复议的,其复议管辖权的确定由申请人选择。申请人既可以向本级人民政府申请复议,也可以向上一级人民政府统计机构申请复议。题中,行政处罚决定由省统计局作出,所以该企业应该向国家统计局或甲省政府申请行政复议。

103. B 【解析】对维持具体行政行为的判决、裁定、调解书,统计行政机关对不履行又不上诉的对方当事人,可以依法申请人民法院强制执行。

104. ABD 【解析】该国企负责人的统计违法行为:①对执法检查人员避而不见,是拒绝、阻碍统计检查的行为;②指令企业统计人员伪造、篡改统计资料,是要求统计人员伪造、篡改统计资料的行为;③统计人员不肯照做,被开除,是对拒绝、抵制统计违法行为的统计人员打击报复的行为。

105. AB 【解析】公民、法人或者其他组织对行政机关所给予的行政处罚,享有陈述权、申辩权。行政机关作出责令停产停业、吊销许可证或者执照、较大数额罚款等行政处罚决定之前,应当告知当事人有要求举行听证的权利;当事人要求听证的,行政机关应当组织听证。因此,若甲省统计局告知该企业拟对其处以警告并较大数额罚款的行政处罚,则该企业享有陈述权、申辩权、要求听证的权利。

106. C 【解析】该项统计调查属地方性统计调查项目,地方统计调查项目的制定分为三种情况:①由县级以上地方人民政府统计机构单独制定;②由县级以上地方人民政府有关部门单独制定;③由县级以上地方人民政府统计机构和有关部门共同制定。其中,由县级以上地方人民政府有关部门制定的,报本级人民政府统计机构审批,故应报本省统计局审批。

107. C 【解析】《统计法》第三十七条规定,县级以上人民政府有关部门应当积极协助本级人民政府统计机构查处统计违法行为,及时向本级人民政府统计机构移送有关统计违法案件材料。

108. C 【解析】《统计执法监督检查办法》第三十五条规定,县级以上人民政府统计机构作出对法人或者其他组织5万元以上罚款,对个体工商户作出2 000元以上罚款的行政处罚决定前,应当告知处罚对象有要求举行听证的权利。处罚对象要求听证的,作出处罚决定的统计机构应当依法组织听证。

109. BCD 【解析】根据《统计法》的规定，作为统计调查对象的国家机关、企业事业单位或者其他组织以及个体工商户的发生统计违法行为时，县级以上人民政府统计机构可以对其给予警告、通报、罚款等处罚。而行政处分是行政机关对本机关违法的工作人员，或行政监察机关对国家工作人员施行的行政制裁措施。

110. CD 【解析】统计行政法律责任的形式主要是统计行政处罚和统计行政处分。

111. D 【解析】从业人员是指在企业工作并取得劳动报酬的全部人员数。包括在岗职工，再就业的离退休人员、民办教师及在企业工作的外方人员和港澳台方人员、兼职人员、借用的外单位人员和第二职业者。不包括离开本单位但仍保留劳动关系的职工。题中该公司报告期末从业人员数为1 000 +20 +30 +10 =1 060(人)。

112. B 【解析】工业增加值是指工业企业在报告期内以货币形式表现的工业生产活动的最终成果，是企业全部生产活动的总成果扣除了在生产过程中消耗或转移的物质产品和劳务价值后的余额，是企业生产过程中新增加的价值。题中，工业增加值 = 工业总产值 - 工业中间投入 + 本期应交增值税 =3 000 +200 -2 000 -30 +150 =1 320(万元)。

113. A 【解析】工业销售产值是以货币形式表现的，工业企业在一定时期内销售的本企业生产的工业产品或提供工业性劳务活动的价值总量。工业销售产值：①销售成品价值；②对外加工费收入。该公司报告期销售产值：5 000 +200 =5 200(万元)。

114. ABC 【解析】工业中间投入按照具体内容分为直接材料、制造费用中的中间投入、管理费用中的中间投入、销售费用中的中间投入和利息支出五大项。

115. BD 【解析】从业人员的统计调查单位为法人单位。采用全面调查与抽样调查相结合的方法搜集资料。从业人员统计以“谁发工资谁统计(劳务派遣人员除外)”为基本原则，劳务派遣人员按照“谁用工谁统计”的原则统计。法人单位在本地区以外的产业活动单位其人员和工资应包含在法人单位中。

116. C 【解析】C 项，简单随机抽样是概率抽样最基本的形式，是完全随机地选择样本。本题属于简单随机抽样。

117. A 【解析】A 项，简单平均数 $\bar{x}=\frac{\sum_{i=1}^{n}x_i}{n}$，BC 项，中位数，它是数据按照大小排列之后位于中间的那个数(如果样本量为奇数)，或者中间两个数目的平均(如果样本量为偶数)，即(10 +12)/2 =11；D 项，众数，就是数据中出现次数或出现频率最多的数值。本题数据中出现次数最多的数值为5。

118. A 【解析】数据的差异程度反映的是各变量值远离其中心值的程度。差异的度量可采用的量：极差，方差，标准差，离散系数，标准分数。

119. AC 【解析】AB 项，方差为各变量值与其平均数离差平方的平均数，其计算公式为：$s^2=\frac{\sum_{i=1}^{n}(x_i-\bar{x})^2}{n-1}$；CD 项，离散系数，也称变异系数，它是一组数据的标准差与其相应的平均数之比,其计算公式为:$v_s = \frac{s}{\bar{x}}$。

120. AB 【解析】在小样本,正态总体方差未知的情况下,均值的区间估计为:$(\bar{x} - t_{\alpha/2}\frac{s}{\sqrt{n}}, \bar{x} + t_{\alpha/2}\frac{s}{\sqrt{n}})$,$\bar{x} = 11$,$1 - \alpha = 95\%$,$s = \sqrt{29.6}$,$n = 6$,代入即求得。

121. C 【解析】判定系数 $R^2 = \frac{SSR}{SST} = \frac{1\ 602\ 708.6}{1\ 642\ 866.67} = 0.975\ 6$。

122. D 【解析】相关系数 $= \sqrt{\frac{SSR(\text{回归平方和})}{SST(\text{总平方和})}} = \sqrt{\frac{1\ 602\ 708.6}{1\ 642\ 866.67}} = 0.987\ 7$。

123. B 【解析】估计标准误差 $S_e = \sqrt{\frac{\sum(y_i - \hat{y}_i)^2}{n-2}} = \sqrt{\frac{SSE}{n-2}} = \sqrt{MSE} = \sqrt{\frac{40\ 158.07}{10}} = 63.37$。

124. AC 【解析】均方(MS)是平方和(SS)除以其相应的自由度(df),即 $MS = SS/df$;$MS = 40\ 158.07/10 = 4\ 015.807$;$F = 1\ 602\ 708.6/4\ 015.807 = 399.1$。

125. BCD 【解析】判定系数的计算公式为:$R^2 = SSR/SST = 1 - SSE/SST$,所以当残差平方和 SSE 越小时,判定系数 R^2 越大。R^2 越接近于1,表明回归平方和占总变差平方和的比重越大,回归直线与各观测点越接近,回归直线的拟合程度就越好。反之,R^2 越接近于0,回归直线的拟合程度越差。

126. C 【解析】地方统计调查项目,是指县级以上地方人民政府及其部门的地方性统计调查项目,是县级以上地方人民政府及其部门在国家统计调查项目和部门统计调查项目的基础上,为取得管理本地方经济社会活动、制定本地方经济社会发展规划所需的补充性资料而进行的地方性统计调查。

127. B 【解析】地方统计调查项目中,由省级人民政府统计机构单独制定或者和有关部门共同制定的,报国家统计局审批;由省级以下人民政府统计机构单独制定或者和有关部门共同制定的,报省级人民政府统计机构审批;由县级以上地方人民政府有关部门制定的,报本级人民政府统计机构审批。题中,该项统计调查项目是由地级市人民政府统计机构和有关部门共同制定的,故应报由该省统计局审批。

128. D 【解析】《统计法》第十五条规定,统计调查项目的审批机关应当对调查项目的必要性、可行性、科学性进行审查,即统计调查项目审批的原则为:必要性原则、可行性原则和科学性原则。

129. ABCD 【解析】统计调查制度应当包括下列内容:①调查目的;②调查内容;③调查方法;④调查对象;⑤调查组织方式;⑥调查表式;⑦统计资料的报送;⑧统计资料的公布;⑨统计信息的共享。

130. ABD 【解析】未经批准擅自组织实施统计调查的行为,依据《统计法》和《统计法实施条例》,应当依法给予政务处分。

131. C 【解析】地方统计调查项目,是指县级以上地方人民政府及其部门的地方性统计调查项目。

132. D 【解析】由县级以上地方人民政府有关部门制定的地方统计调查项目，报本级人民政府统计机构审批。该调查项目由省民政厅制定，故应当报请该省统计局审批。

133. D 【解析】《统计法》第三十七条规定，县级以上人民政府有关部门应当积极协助本级人民政府统计机构查处统计违法行为，及时向本级人民政府统计机构移送有关统计违法案件材料。

134. ABC 【解析】统计调查制度应当包括下列内容：①调查目的；②调查内容；③调查方法；④调查对象；⑤调查组织方式；⑥调查表式；⑦统计资料的报送；⑧统计资料的公布。

135. BCD 【解析】统计违法案件查处的一般程序：①立案；②调查；③处理；④结案。

136. B 【解析】对于工资总额故意少报问题，提供了不真实的统计资料；该单位对查询书不予理睬，没有在规定时间内回答被查询的有关问题是拒绝答复统计检查查询书的表现。

137. C 【解析】该单位的主要负责人承担责任主体。

138. B 【解析】单位承担此次责任，责任属于行政处罚，承担行政责任。

139. AD 【解析】单位负责统计的人员承担责任，属于行政处分，承担行政责任。

140. ABD 【解析】如果违法行为承担责任的主体是该单位，则当事人不服的，可以通过统计行政复议或者行政诉讼来保护自己的权益；如果违法行为承担责任的主体是该单位负责统计的人员或该单位主管统计工作的领导，则对于该行政处分，当事人既不能要求复议，也不能提起行政诉讼，只能通过申诉程序保护自己的权益。

141. B 【解析】一个季度三个月，由题中给出的四个季度平均人数可知：本题中季平均人数 $=(50+50+80+60)/4=60$（人）。

142. B 【解析】现行国家统计报表制度规定：对全部年主营业务收入 2 000 万元及以上的工业法人企业，采用全面调查的方法收集资料，而对于其他工业统计单位采用抽样调查的方法收集资料。

143. B 【解析】平均工资 = 报告期工资总额/报告期平均人数，本题中平均工资 $=(120+30)/60=150/60=2.5$（万元）。

144. AC 【解析】AB 项，平均实际工资是指扣除物价变动因素后平均的实际工资。它反映用货币工资所能实际购买到的消费品和服务的数量，计算公式为：平均实际工资 = 报告期平均工资/报告期城市居民消费价格指数。CD 项，由平均实际工资的计算公式可知，平均货币工资（即平均工资）与平均实际工资成正比，与城市居民消费价格指数成反比。

145. AB 【解析】工资总额构成包括六部分内容：计时工资、计件工资、奖金、津贴和补贴、加班加点工资、其他工资。

146. C 【解析】住户成员指居住在一个住宅内，所有与本住户分享生活开支或收入的人员。还包括：由本住户供养的在外学生（包括大中专学生和研究生）；未分家的农村外出从业人员和随迁家属，无论其外出时间长短；轮流居住的老人；因探亲访友、旅游、住医院、培训或出差等原因临时外出的人员。所以该住户家庭成员人数是 4 人。

147. D 【解析】可支配收入是指调查户调查期内获得的、可用于最终消费支出和储蓄的总和，即调查户可以用来自由支配的收入。可支配收入 = 工资性收入 + 经营净收入 + 财产净收入 +

转移净收入。其中,经营净收入=经营收入-经营费用-生产性固定资产折旧-生产税。该家庭经营面粉加工厂的经营收入、经营费用支出、生产税支出和生产性固定资产折旧计入经营性收入,给父母的赡养费计入财产净收入。所以该住户家庭的可支配收入=20-10-0.4-0.6-1.2=7.8(万元)。

148. B 【解析】该住户家庭的经营净收入=经营收入-经营费用支出-生产税支出-生产性固定资产折旧=20-10-0.4-0.6=9(万元)。

149. ACD 【解析】可支配收入是指调查户调查期内获得的、可用于最终消费支出和储蓄的总和,即调查户可以用来自由支配的收入。可支配收入既包括现金,也包括实物收入。按照收入的来源,可支配收入包含四项,分别为工资性收入、经营净收入、财产净收入、转移净收入。C项,政策性生产补贴计入转移净收入。D项,赡养收入计入财产净收入。

150. BC 【解析】住户调查是以住户及其家庭成员为调查对象,以家庭和个人的生产、生活活动为主要调查内容的一类调查。A项,住户成员指居住在一个住宅内,所有与本住户分享生活开支或收入的人员,所以住户成员间不一定有亲属关系。D项,样本调查小区的设计使用周期为5年,抽中的调查小区周期内保持不变,调查小区内的样本住户每3年或2年进行轮换。

151. D 【解析】两个变量都可以用数值表示其观察结果,而且这些数值具有明确的数值含义,故都是数值变量。

152. B 【解析】ACD项,饼图、环形图、条形图,描述的都是单变量数据。如果比较不同样本变量之间的结构差异,可以通过画环形图来实现。当有两个或两个以上变量时,可以采用多变量的图示方法,常见的有散点图、三维散点图、气泡图、雷达图等。其中,B项,散点图,即是用二维坐标展示两个变量之间关系的一种图形。

153. D 【解析】拉氏物价指数和物量指数都采用基期作为权数;派氏物价指数和物量指数都采用报告期作为权数,随着报告期的不同,每期需更换权数。

154. BD 【解析】质量指数是表明总体单位水平、工作质量等质量变动的相对数。收购价格表示农副产品的单位水平,因而其指数为质量指数。用派氏指数计算公式:$(\overline{K_p}) = \dfrac{\sum q_1p_1}{\sum q_1p_0} \times 100 = \dfrac{\sum q_1p_1}{\sum \dfrac{p_0}{p_1}q_1p_1} \times 100$。

155. AC 【解析】数量指数也称物量指数,是表明总体单位数量、规模等数量变动的相对数。收购量为农副产品的单位数量,因此其指数为数量指数。用拉氏指数计算公式:$(\overline{K_q}) = \dfrac{\sum q_1p_0}{\sum q_0p_0} \times 100 = \dfrac{\sum \dfrac{q_1}{q_0}q_0p_0}{\sum q_0p_0} \times 100$。

156. D 【解析】人口性别比,是指总人口中男性与女性之比,以女性人数为100,表示每100名女性所对应的男性人口数。该城市人口性别比=78.6/71.4×100%≈110%。

157. A 【解析】人口负担系数：也称抚养系数、抚养比，是指被抚养人口与15－64岁人口之比。可分为总抚养比、老年抚养比、少儿抚养比。总抚养比是指全部被抚养人口与15－64岁人口之比；老年抚养比是指65岁及以上老年人口与15－64岁人口之比；少儿抚养比是指0－14岁少年儿童人口与15－64岁人口之比。总抚养比＝老年抚养比＋少儿抚养比。该城市老年抚养比＝14.6/(112＋22.4－14.6)×100%≈12.2%。

158. C 【解析】城镇人口比重＝城镇人口比重＝城镇人口/总人口×100%＝122.7/150×100%＝81.8%。

159. AB 【解析】《全国人口普查条例》规定，人口普查对象为普查标准时点在中华人民共和国境内的自然人以及在中华人民共和国境外但未定居的中国公民，不包括在中华人民共和国境内短期停留的境外人员。

160. BC 【解析】普查采用全面调查的方法，以户为单位进行登记。普查采用按现住地登记的原则，个人必须在现住地进行登记。普查登记采用普查员入户询问、当场填报，或由普查对象自主填报等方式进行。

161. A 【解析】住户调查中的"住户"与"家庭"概念不同，它是指居住在一个住宅内，共同分享生活开支或收入的一群人。住户成员之间可以是有亲属关系的，也可以是没有亲属关系的。居住在同一房间内、不共同分享生活开支的人群，每个人都视为一个住户。因此保姆不计入该调查户人口中，该调查户人口数是3人。

162. C 【解析】可支配收入是指调查户调查期内在获得的可用于最终消费支出和储蓄的总和，即调查户可以用来自由支配的收入。可支配收入既包括现金，也包括实物收入，计算公式：可支配收入＝工资性收入＋经营净收入＋财产净收入＋转 移净收入。其中财产净收入包括自有住房折算净租金。因此，该调查户2021年可支配收入＝18＋2.4＝20.4(万元)。

163. B 【解析】住户调查是以住户及其家庭成员为调查对象的数据搜集方法；国家统计局根据全国人口普查资料，将所有人口按常住地纳入调查范围，采用分层多阶段随机抽样方法。

164. ABC 【解析】可支配收入是指调查户调查期内在获得的可用于最终消费支出和储蓄的总和，即调查户可以用来自由支配的收入。可支配收入既包括现金，也包括实物收入。按照收入的来源，可支配收入包含四项，分别为：工资性收入、经营净收入、财产净 收入、转移净收入。C项属于转移净收入。

165. ABD 【解析】住户成员及劳动力从业情况、住房和耐用消费品拥有情况、家庭经营和生产投资情况、社区基本情况及其他民生状况等资料由调查人员入户访问，使用问卷调查方式采集。每季度末，调查人员对调查户的样本信息、记账数据和问卷调查数据进行编码、录入、审核，并直接上报国家统计局，由国家统计局直接汇总计算出全国居民的主要收支数据。基础数据主要使用记账方式采集。